지속가능한 브랜드에서 적용가능한 브랜드로

디지털 시대와 노는 법

DIGITAL
<AGE>

우승우·이승윤·차상우 지음

북스톤

살아남는 것은 가장 강한 종도
가장 똑똑한 종도 아니다.
그것은 변화에 가장 잘 적응하는 종이다.

-찰스 다윈

—

[프롤로그]
경영대 교수가 인턴을 하며 알게 된 것

'학생들에게 가장 필요한 지식을 가장 빠르게 습득하는 길은 무엇일까?' 연구년이 시작되기 전 스스로에게 던진 질문이다. 그때 떠오른 생각 중 하나가 아카데미 영역이 아닌 살아 숨쉬는 지식이 넘쳐나는 현장으로 돌아가 직접 일을 해보는 것이었다. 세상은 너무나도 빠르게 변화하고 있고 4년의 대학생활 후 그곳에 뛰어들 학생들에게 정말 필요한 지식은 학교가 아닌 실무현장에 있을 것이라는 생각이 들었다. 연구년을 맞아 '더.워터멜론'이란 회사에서 인턴을 시작하게 된 이유다.

우승우, 차상우 두 브랜드 전문가가 일하는 모습을 가까이에서 지켜보며 느낀 점이 많았다. 그중에서도 가장 절감한 사실은 '디지털 시대에 맞는 새로운 브랜딩 전략이 필요하다'는 것이었다. '디지털을 물고 태어난' Z세대가 만들어가는 세상에서 과거의 브랜드 전략은 예전만큼의 효과를 거두지 못하거나, 오히려 하루 빨리 버려야 할 시대착오적인 룰로 변해 있었다.

'All that Melona'는 '메로나에 관한 모든 것'이 아니다

'메로나'는 빙그레가 1992년에 출시한 장수 브랜드 중 하나다. 10대 중고등학생을 주 타깃으로 하는 이 브랜드는 긴 세월 동안 변해가는 소비자에 맞춰 끊임없이 스스로를 변주해왔다.

동생에게 '올 때 메로나'라는 문자를 보낸다는 게 택배 기사에게 잘못 발송돼 실제로 택배 기사님이 배달 오실 때 메로나를 사왔다는 이야기가 한때 인터넷 유머로 퍼졌다. 각종 커뮤니티에 올라오더니 급기야 〈마음의 소리〉를 비롯한 유명 웹툰에 단골 대사로 등장할 정도로 유명해졌다. 오프라인에서 '올 때 메로나'는 주로 10대들이 외출하는 사람에게 뭔가 사오라는 부탁의 표현으로 광범위하게 활용되었다.

10대 소비자들의 말놀이에 빙그레도 명민하게 반응했다.

'올 때 메로나'를 'All that Melona'로 재미있게 비튼 메로나 포장 (출처 : 빙그레 페이스북)

2018년부터 메로나 포장지에는 'All that Melona'라는 문구가 추가되었다. '올 때 메로나'를 한 번 더 위트 있게 비틀어 스스로를 멋지게 리브랜딩한 사례라 하겠다.

메로나의 리브랜딩은 브랜드 정체성을 일관되게 지켜가야 한다는 전통적인 브랜드 관리전략과는 거리가 있다. 인터넷 유머 하나에 포장지 전면을 교체하는 것은 과거의 브랜드에는 좀처럼 없는 일이다. 하지만 지금은 이렇게 한다. 메로나 사례는 주요 타깃이 원하는 방향으로 적극적으로 변신하려는 브랜드의 노력을 보여준다. 왜 그렇게 하겠는가? 그래야 살아남을 수 있기 때문이다. Z세대가 보기에 메로나는 자신이 태어나기도 전에 출시된, 어찌 보면 골동품 같은 브랜드다. 그럼에도 2018년 편의점 3사의 아이스크림 매출액 1위는 메로나였다. 이 제품이 10대들에게 여전히 사랑받는 이유는 다름 아닌 끊임없는 자기변주 덕분이다.

이쯤 되면 100년 동안 변함 없이 유지될 수 있는 브랜드 정체성을 확립하고자 유명 브랜드 컨설팅 회사에 돈을 쓰는 기존의 관행이 맞는지 다시 생각해보게 된다. 오히려 변해가는 소비자의 취향에 반응하지 않는 브랜드일수록 외면당하는 시대를 우리는 살아가고 있는지 모른다. 메로나 같은 저관여(low involvement) 브랜드만의 사정이 아니다. 우리를 내려다보며 고고하게 자신의 헤리티지(heritage)를 지켜온 럭셔리 브랜드에도 변화의 조짐이 나타나고 있다.

요즘 미국 10대들은 '모든 것이 잘 돌아가고 있다'는 말을 'It's all Gucci' 혹은 'We're Gucci'라고 표현한다. 이들에게 'So Gucci'는 '와 멋지다!'라는 의미다. 2014년까지 해마다 매출이 20%씩 추락하며 40대 이상의 전통적인 소비자들에게 잊혀져 갔던 구찌가 Z세대와 밀레니얼 세대에게 가장 사랑받는 브랜드가 된 것이다.

경제지 〈포브스〉는 2017년 11월 "구찌가 밀레니얼 세대와 함께 럭셔리의 공식을 파괴하고 있다(Gucci's Cracked The Luxury Code With Millennials)"라는 기사를 통해 젊은 소비자들의 마음을 사로잡은 구찌의 비결을 분석했다. 구찌를 살리기 위해 기용된 CEO 마르코 비자리(Marco Bizzarri)는 밀레니얼 세대를 구찌의 핵심고객으로 재정의했다. 그렇다면 밀레니얼은 어떤 사람들인가? 구찌는 밀레니얼 세대를 이해하는 실마리를 멀리서 찾지 않았다. 구찌 내부의 밀레니얼 직원들에게 물어본 것이다. 젊은 사원이 경영진의 멘토가 되는 '역 멘토링(reverse mentoring)' 제도를 운영해 개혁을 위한 다양한 아이디어를 얻고, 이를 바탕으로 기존의 럭셔리 브랜드가 하지 않던 시도를 해나갔다.

변신은 파격적이었다. 기존의 전형적인 디자인을 버리고 커다란 꽃무늬 스니커즈와 털신을 결합한 신발 등 철저하게 밀레니얼 세대의 입맛에 맞는 디자인을 내놓기 시작했다. 유명 할리우드 배우 대신 10~20대가 열광하는 인플루언서와 함께 홍보하는 등 다양한 방식으로 밀레니얼 세대와 소통하기 시작했다. 반응은 폭발적이었다. 2017년 세계에서 가장 많이 팔린 명품 브랜드 1위는 구찌가 차지했으며, 베스트셀러 리스트 또한 대다수가 구찌의 제품이었다. 2018년에는 전년도에 비해 2배 가까운 성장을 만들어내며 흐름을 이어갔다. 특히 2018년 매

출의 55% 이상이 35세 미만의 젊은 소비자들에게서 나왔다는
데 주목할 필요가 있다. 브랜드의 권위를 내려놓고 젊은 소비
자에 맞게 과감히 변화한 덕분이다.

과거에는 뚝심 있게 본질을 지키는 것이 시대를 대표하는 브
랜드가 되는 길이었다면, 이제는 필요할 때 빠르게 변화하는
것이 브랜드가 오래 살아남는 길인지 모른다. 디지털 시대에
맞는 브랜딩 전략이 따로 있다고 딱 잘라 말할 수는 없지만, 지
속가능성과 일관성, 브랜드 철학을 중요시하던 과거의 브랜딩
전략과 달라진 것만은 분명하다.

디지털 시대, 지속가능성보다 적응가능성

이 모든 변화의 중심에는 디지털 네이티브(digital native)
라 불리는 Z세대와 밀레니얼 세대가 있다. 이들은 말을 배우기
전에 손가락으로 태블릿 스크린을 누르고 드래그하는 것을 먼
저 마스터한 세대다. 스마트폰이 나오기 전에 사용된 피처폰
(feature phone)을 사실상 모르는 세대이며, 네이버와 같은 텍
스트 기반의 검색엔진보다는 유튜브와 같은 동영상 중심의 플
랫폼에서 검색하는 것을 선호하는 세대다. 엄마아빠가 〈스카

이캐슬〉을 보기 위해 밤 11시에 TV 앞에서 기다리는 것을 이해하지 못하는 세대이며 좋아하는 영상을 원하는 시간에 원하는 방식으로 소비하는 데 익숙한 세대다. 남들이 만든 SNS 콘텐츠를 보기만 하는 데 그치지 않고 직접 만들어 유튜브에 올리고, 유명인을 꿈꾸는 적극적인 콘텐츠 크리에이터이기도 하다.

이런 세상에, 가장 핫한 SNS 플랫폼은 페이스북이라 생각하며 매일같이 글과 사진을 올리고, 먹방 BJ가 하는 방송은 소수의 취향일 뿐이라고 생각한다면, 당신은 이미 디지털 시대와 꽤 거리가 있는 삶을 살고 있는 셈이다.

얼마 전 '세상에서 가장 아름다운 카메라'로 불리는 라이카가 디지털 카메라를 내놓은 것을 아쉬워하는 크리에이티브 아티스트의 글을 읽었다. 엄청난 화소를 자랑하는 디지털 카메라는 자신의 창의성을 자극하는 감성이 결여되어 있다고 했다. 그의 말이 틀렸다고 생각하지는 않는다. 다만 그가 느끼는 안타까움을 앞으로 우리가 소통해야 할 디지털 시대의 소비자들도 느낄지 생각해볼 일이다. 나와 그는 디지털 시대 이전의 필름 카메라 시대를 살아온 사람들이다. 우리가 필름 카메라를 향한 원형적인 그리움을 가지고 살아가는 세대라면, 지금의 디지털 세대는 엄마와 함께 간 놀이동산에서 손가락을 펼치면 자동으로 셀카를 찍어주는 삼성 갤럭시 노트의 신기함을 마음속에 간직

하고 살아갈 것이다. 그런 의미에서 라이카가 디지털 영역에 꾸준히 도전하는 것은 지극히 당연한 수순이다.

'새 술은 새 부대에'라는 말이 있다. 이제는 디지털 시대의 소비계층으로 등장한 디지털 세대에 맞는 새로운 브랜드 전략을 꾸려가야 한다. 이 책에서 우리는 '진짜 디지털 네이티브'라 할 수 있는 밀레니얼 세대와 Z세대가 살아가는 방식에 대해 브랜딩의 관점에서 살펴볼 것이다. 디지털 세대가 무엇을 보고 입고 즐기는지 살펴보면 그들이 그려가는 라이프스타일이 보일 것이다. 그것을 이해하면 그들과 어떻게 소통하며 브랜드 이미지를 그려나갈지 방향이 잡히리라 생각한다.

1장에서는 디지털이 우리의 삶을 어떻게 혁신하고 있는지 살펴볼 것이다. 디지털 시대에 우리는 어떻게 먹고 마시고 움직이며, 그 안에서 어떤 브랜드가 성장하고 있는지를 토스, 무신사, 옥토끼프로젝트 등의 사례를 통해 들여다본다.

디지털 시대의 새로운 브랜드 전략 프레임을 만들려면 무엇보다 디지털 세대에 대한 이해가 필수다. 그들은 왜 구찌를 입고 메로나를 먹고 틱톡으로 영상을 볼까? 2장에서는 이 모든 변화의 중심에 있는 디지털 세대의 특징과 소비성향, 그들을 움직이는 심리적 동인을 면밀히 살펴보았다.

3장에서는 디지털 세대를 효과적으로 공략하기 위한 브랜드

디지털 시대와 노는 법

전략의 가이드라인을 제시할 것이다. 왜 디지털 시대에는 가진 것을 지키려는 브랜드 전략보다 크게 잃더라도 과감하게 변화하는 전략이 적합한지, 프랜차이즈로 확장하는 것보다 취향이 뚜렷한 소수에게 사랑받는 스몰 브랜드(small brand) 전략이 유효할 수 있는지 함께 생각해보고자 한다.

각 장에는 디지털 세대가 사랑하는 대표 브랜드 담당자들의 인터뷰가 수록돼 있다. 세간의 화제를 모은 스타트업이든 역사와 전통을 자랑하는 브랜드든, 규모가 크든 작든, 까다로운 10~20대의 마음을 얻으려 노력하는 모습은 다르지 않다. 현장에서 매일매일 디지털 세대와 부딪치며 소통방식을 고민하는 이들의 살아 있는 목소리를 들어봤다. 이들의 이야기를 통해 디지털 시대를 살아가는 브랜드 실무자로서 무엇을 중요하게 살펴야 하는지 힌트를 얻을 수 있을 것이다.

기업 브랜드 담당자들이 변화해야 하는 입장이라면, 디지털 세대는 변화의 주체다. 책을 준비하면서 이들의 이야기를 듣지 않을 수 없었다. 초등학생부터 대학생까지 다양한 디지털 세대를 인터뷰한 내용은 책 전반의 뼈대가 되었다. 아울러 그들이 들려주는 생생한 이야기에서 시대의 변화를 실감할 수 있도록 본문 곳곳에 그들의 목소리를 날것 그대로 소개했다.

이 책에서 디지털 시대에 젊은 소비자를 사로잡는 절대적인 법칙을 기대했다면 미리 양해를 구해야겠다. 끊임없이 변화하는 디지털 시대, 가장 까다로운 취향을 가진 디지털 세대의 마음을 영원히 잡아둘 수 있는 법칙이란 존재할 수 없기 때문이다. 다만 오랜 기간 디지털 세계에서 일어나는 일에 관심을 가지고 연구해온 학자와 브랜드 현장에서 치열하게 일하며 살아남은 두 전문가가 어떻게 디지털 세대와 더 효과적으로 커뮤니케이션하며 브랜드를 키워나갈지 함께 고민한 이야기를 담았다.

브랜드계의 구루 데이비드 아커(David Aaker)가 현대적인 브랜드의 개념을 제시한 《Managing Brand Equity(브랜드 자산의 전략적 경영)》란 책을 내놓은 지 벌써 30년 가까운 세월이 흘렀다. 그 책이 출간될 즈음에는 스마트폰도, 밀레니얼이나 Z세대란 말도 존재하지 않았다. 새로운 시대에는 새로운 브랜딩 전략이 필요하다. 과거의 브랜딩이 오랜 시간 지속가능한(sustainable) 것을 만들어가는 과정이었다면, 앞으로의 브랜딩 전략은 변해가는 환경에 적응가능한(adaptable) 체질을 만들어가는 과정일지 모른다.

그러기 위해서는 우리의 디지털 눈높이를 디지털 세대의 그것에 맞출 필요가 있다. 실제 나이가 아니라 '디지털 문화를 얼마나 받아들이고 있는지', '디지털 시대의 문법으로 소통하고 있는지', '디지털 시대에 대해 얼마나 알고 있는지', '일상에서 디지털을 얼마나 효과적으로 이용하고 있는지'를 기반으로 하는 디지털 나이(digital age)를 스스로 판단하고, 낮춰가려 노력해야 한다는 것이다. 이 책이 디지털 시대의 새로운 소비권력을 이해하고, 그들의 눈높이에서 즐겁게 노는 법을 익히는 데 도움이 되기를 바란다.

이승윤

1장

DIGITAL AGE

달라지는 소비자
따라가는 기업

당신의 디지털 나이는 몇 살인가?

    앞으로 펼쳐질 디지털 시대의 새로운 소비 권력을 이해하려면 실제 나이가 아닌 '디지털 나이'가 중요하다. 당신이 20대라도 빠르게 변화하는 디지털 시대에 잘 적응하지 못하고 과거에 안주해 있다면 디지털 시대의 관점에서는 '꼰대'에 속할지도 모른다. 반대로 70세가 넘은 나이에도 손녀와 함께 동영상을 만들어 유튜브 100만 구독자를 확보하고 활발하게 활동하는 박막례 할머니의 디지털 나이는 실제 나이와 관계없이 젊을 것이다. 결국 디지털 나이는 디지털 시대에 얼마나 잘 적응하는지, 즉 적응가능성으로 판가름 난다. 그리고 이는 디지털 감수성과 디지털 영향력으로 세분화할 수 있다.

　박막례 할머니처럼, 물리적 나이와 관계없이 당신의 디지털 나이는 늘 명민한 상태로 건강하게 유지할 필요가 있다. 당신의 디지털 나이는 몇 살일까? 책을 읽기 전에 워밍업할 겸 오른쪽의 체크리스트로 진단해보자.

　이는 미국의 심리학자들이 디지털 세대를 연구할 때 그들의 구매패턴, 소비행동, 정치성향, 신념 및 주요 행동동기를 기반으로 뽑은 항목들을 이 책에 맞게 간단한 체크리스트로 꾸민 것이다. '그렇다'면 1점, '아니다'면 0점이다.

　9점 이상 : 나이에 관계없이 당신의 디지털 나이는 '청년'

　6~8점 : 당신의 디지털 나이는 '중년.' 지금처럼 늘 디지털 세상과 아날로그 세상의 균형을 맞춰가며 살아가길.

　6점 미만 : 당신의 디지털 나이는 '노년.' 빠르게 변화하는 디지털 세상에 적극적으로 관심을 가져보는 게 어떨까요?

　당신의 디지털 나이는 어떠한가? 결과를 너무 심각하게 받아들이지 말고, 워밍업을 겸한 참고자료 정도로 이해하면 될 것이다. 디지털 나이가 젊은 사람들이 비즈니스를 어떻게 바꿔가고 있는지, 지금부터 본격적으로 살펴보자.

① 인터넷 세상의 인플루언서들(예 : 대도서관, 박막례 할머니 등)이 운영하는 디지털 채널을 구독하고, 매일 들여다보는 편이다.

② 내가 미처 몰랐던 모바일 앱을 주변 사람들이 자주 쓴다는 말을 들으면 일단 깔고, 사용해보려고 한다.

③ 나는 멀티태스킹에 능숙하다. (TV를 보면서 페이스북에 올라온 친구의 글에 '좋아요'를 누르는 등 여러 작업 사이를 자유자재로 오간다.)

④ 남들이 나의 행위를 어떻게 생각하는지 크게 신경 쓰지 않는다.

⑤ 타인의 생각이 나와 다를 수 있다는 것을 당연하게 받아들인다.

⑥ 교육 목적으로 소셜미디어를 적극 사용한다.

⑦ 영화관에 가는 것보다, 휴대폰으로 넷플릭스 같은 스트리밍 기반의 미디어를 소비하는 게 더 좋다.

⑧ 사회적으로 가치 있고 옳은 일을 한다는 이유로 꾸준히 구매하는 브랜드가 있다.

⑨ 일주일에 한 번 이상 직접 만든 콘텐츠를 올리는 소셜미디어 플랫폼이 있다.

⑩ 현실세계에서의 자아가 중요한 만큼, 디지털 세상에서 만들어지는 자아 역시 중요하다.

'송금해' 대신 '토스해'

2019년 1월 8일 국민은행이 19년 만에 총파업에 나섰다. 국민은행 임직원 1만 7000명 가운데 3분의 1이 자리를 비웠다. 언론 이곳저곳에서는 총파업으로 발생할 수 있는 혼란이 우려된다며 미리부터 기사를 쏟아내기 시작했다.

그러나 기우였다. 실제 총파업이 일어났지만 혼란은커녕 파업한 줄 몰랐다는 소비자들이 대다수였던 것이다. 인터넷 유명 커뮤니티 게시판에는 '누가 요즘 은행에 가냐. 스마트폰 앱이면 다 되는데. 파업하는 줄도 몰랐다'는 글이 적지 않게 올라왔다.

말하자면 국민은행의 총파업은 오히려 은행업이 처한 현실을 극명하게 보여주는 역효과를 불러왔다. 한국은행이 조사한 금융채널별 거래 비중을 살펴보면 직접 은행을 방문하는 대면거래의 비중은 채 10%도 되지 않는다. CD, ATM 이용이 보편화된 지 이미 오래다. 아니, 이제는 기기를 이용할 것도 없이 각자 본인의 스마트폰 앱에서 금융업무를 끝낸다.

이런 흐름에 기민하게 대응해 큰 성공을 거둔 앱 서비스가 있다. 바로 '토스(Toss)'다. 2018년에 누적 가입자 1000만 명을 돌파한 토스는 일종의 간편송금 앱으로, 20대 대학생들이 스마트폰을 구입하면 가장 먼저 설치할 정도로 젊은 세대에게 인기를 끌고 있다. '송금할게'라는 말 대신 '토스해줄게'라고 할 정도다.

간편송금은 세계 곳곳에서 금융업계 지각변동을 일으키고 있다. 미국에는 벤모(Venmo)라는 간편송금 앱이 있어서 미국의 10~20대들 사이에서는 '벤모할게(I'll Venmo you right now)'라는 말이 보편화돼 있다. 한국이나 미국의 사례에서 알 수 있듯이 간편송금은 10~20대, 이른바 '디지털 네이티브'라 불리는 디지털 세대를 중심으로 돌풍을 일으켰다. 흔히 생각할 때 금융업의 변화는 어느 정도 소득이 있는 고객을 중심으로 이루어질 것 같지 않은가? 그런데 소득이 아예 없거나 많지 않은 이들, 그래서 금융업계에서 그리 대접받지 못할 것 같은 이들이 변화를 이끌고 있는 것이다.

10~20대는 음식점이나 카페, 술집 같은 곳에서 계산할 때 더치페이를 선호한다. 다들 금전사정이 넉넉지 않아서이기도 하고, 각자 먹은 만큼 내는 게 합리적이라고 생각해서이기도 하다. 그런데 거스름돈 계산하기도 번거롭고 평소 현금을 충분히 가지고 다니지도 않는 터라 대개 누구 한 명이 대표로 계산하고 나머지는 그 사람의 계좌로 돈을 보낸다.

따지고 보면 별것 아닌 프로세스지만 이 과정에 수많은 불편함이 숨어 있다. 불편은 밥을 다 먹고 계산하려는 순간부터 시작된다. 그 누구도 자신이 계산하겠다고 선뜻 나서지 않는다면? 실제로 그런 경우가 적지 않은데, 내가 계산했다가 혹시 누군가 돈을 보내지 않으면 민망하게 독촉을 해야 하기 때문이다. 반대 경우도 성가시기는 마찬가지다. 대표로 계산한 사람의 계좌번호를 받아서 은행 앱을 켜고 입력하는 수고를 해야 한다. 이도저도 다 귀찮다 보니 요즘에는 각자 먹은 메뉴를 따로 계산하기도 하는데, 일일이 결제해야 하니 시간도 오래 걸리고 다른 손님들 눈치도 보게 된다.

이렇듯 누군가와 함께 밥 먹고 차 마시는 단순한 행위에도 많은 불편함이 있다. 어쩌다 한 번 있는 일도 아니고 매일같이 맞닥뜨리는 상황이기에 더 불편하다.

토스는 이 불편한 과정을 획기적으로 단순화했다. 식사를 마친 후 한 명이 계산하는 것까지는 똑같다. 그다음 토스 앱에 총액을 입력하고 스마트폰에 연결된 친구들의 이름을 선택하면 각자 지불해야 할 액수가 나온다. 이걸 카카오톡으로 보내면 받은 사람들은 해당 금액을 토스 앱으로 보낼 수 있다. 양쪽 모두 클릭 몇 번으로 끝난다. 상대방 계좌번호를 물어볼 필요도 없고, 공인인증서나 은행 보안매체 등 귀찮은 단계를 거칠 필요도 없다. 그냥 얼굴이나 지문 인식으로 충분하다. 토스의 슬로건처럼 '10초 만에 끝나는 간편송금'이다. 심지어 월 10회까지는 송금 수수료도 없다.

송금 수수료도 받지 않고 토스는 어떻게 돈을 버는 것일까? 궁극적으로 토스는 모든 금융 서비스 회사와 개인을 이어주는 연결자 역할을 해서 돈을 벌고자 한다. 간편송금 기능으로 수많은 사용자를 모으고, 이들에게 서비스를 팔고자 하는 금융회사를 연결해준다는 것이 토스가 그리는 큰그림이다. 현대카드나 삼성카드 같은 기업이 마케팅에 그렇게 열심인 이유는 궁극적으로 고객들이 자기 회사의 카드를 만들어 사용하도록 하기 위해서다. 이를 위해 1만 명이 넘는 카드 모집인을 운영하고 막대한 비용을 쏟아가며 고객 유치에 열을 올린다. 그런데 토스

"은행은 간편결제에서 송금제한에 걸리거나 비용이 큰 거 보낼 때를 빼고는 잘 안 가요. 뱅샐을 기본으로 쓰고, 송금하거나 거래할 때는 토스나 카카오뱅크 같은 간편결제를 쓰죠. 온라인에서 결제할 때는 네이버페이나 카카오를 쓰고요." (대학생 인터뷰)

"토스 사용해요. 친구들이랑 밥 먹으러 갔는데 N빵 할 때. 각자 내야 하는데 5명 모두 카드 내기 어려우니까 체크카드 있는 애가 결제하고 그 친구에게 토스로 몰아주죠." (고등학생 인터뷰)

는 1000만 명이 넘는 고객을 보유한 금융 플랫폼이다. 그것도 이용자의 60% 이상이 아직 일상적으로 쓰는 신용카드가 정해지지 않은 젊은 층이다. 카드회사들은 토스라는 플랫폼을 통해 이들 예비고객에게 접근할 수 있다. 즉 토스는 자연스럽게 고객에게 접근할 수 있는 서비스를 금융기업에 팔아서 돈을 벌려는 것이다. 토스가 젊은 세대의 니즈에 부합한 '쉬운 금융 플랫폼'을 지향했기에 가능한 수익모델이다.

토스의 약진에 기존 은행들이 대응하지 못하는 가운데, 전혀 새로운 곳에서 대항마가 나타났다. 바로 '카카오뱅크'다. 2017

년 7월 등장한 카카오뱅크는 당시만 해도 생소한 '오프라인 지점이 없는 순수 디지털 은행'이라는 컨셉으로 우리 삶에 들어왔다. 처음에는 기존 대형은행들을 보조하는 정도로만 여겨졌지만, 지금은 그 돌풍이 거세다. 설립 2년 만에 고객 1000만 명을 돌파했고 2019년 1분기 약 66억 원의 순이익을 달성했다.

디지털 마케팅 전문가들은 카카오뱅크의 성장요인은 '금융'을 '소셜'로 풀어낸 것에 있다고 입을 모은다. 한마디로 복잡한 금융을 재미있게 풀어내 젊은 디지털 세대가 일상에서 금융을 자주 접할 수 있도록 했다는 것이다. 대표적인 사례가 2018년 카카오뱅크가 시도한 '26주 적금' 캠페인이다. 자산이 많지 않을 가능성이 큰 젊은 층이 부담 없이 시작하도록 시작금액을 1000원부터 선택할 수 있다. 여기에 재미(fun) 요소가 더해지는데, 설정한 금액만큼 매주 납입액이 늘어난다는 것이다. 이 장치 하나로 26주 챌린지는 말 그대로 도전과제가 된다.

그 밖에도 흥미와 승부욕을 유발하는 요소를 계속 가미해, 중도에 멈추지 않고 끝까지 적금 미션을 끝내도록 장려한다. 매주 납입에 성공할 때마다 인기 많은 카카오 프렌즈 캐릭터들을 납입화면에 찍어주어 사용자들이 자연스럽게 SNS에 자랑하도록 유도했다. 자발적인 입소문 효과가 났음은 물론이다. 덕분에 26주 적금 캠페인은 단기간에 200만 계좌를 달성하는

금융을 소셜로 풀어내고 재미를 더한 카카오뱅크의 '26주 챌린지' (출처 : 카카오뱅크 유튜브)

데 성공했다. 카카오뱅크의 1000만 고객도 대부분 이처럼 재미있는 방식을 통해 유입된 젊은 디지털 세대다. 카카오뱅크가 2019년 7월 발표한 자료에 따르면 20~30대의 45%가 카카오뱅크를 이용하고 있다고 한다.

대형은행의 위기는 어쩌면 스스로 만들어낸 것인지도 모른다. 일반 대형은행들이 '요즘 젊은이들은 소확행, 탕진잼에 빠져 저축이나 적금에 관심 없을 것'이라는 시각으로 일관할 때, 카카오와 토스는 전혀 다른 접근방식으로 젊은 층에게 다가갔다. 디지털 세대가 좋아하는 방식으로 그들과 소통하며, 과거에는 볼 수 없던 새로운 시도를 통해 금융의 새바람을 일으키고 있다.

이제는 커뮤니티로 1000억 매출이 가능하다

운동화 하나를 사고 싶을 때 당신은 가장 먼저 어디를 가는가? 나이키, 아디다스 등 해당 브랜드 매장을 방문하는가, 온라인스토어를 방문하는가, 혹은 편집매장을 방문하는가?

디지털 시대는 이처럼 사소한 행동패턴 하나하나까지 조금씩 바꿔놓고 있다. 10~20대라면 무신사를 가장 먼저 찾을 가능성이 높다.

무신사(MUSINSA). 30대 이상이라면 이름 자체를 처음 들어본 이들도 많을 것이다. 기성세대가 알든 모르든, 무신사는 젊은 세대가 즐겨 찾는 대표적 패션 쇼핑몰로 입지를 굳게 다지고 있다. 이 브랜드의 상징적 힘을 아는 사람들은 무신사에 외국자본이 관여했다고 지레짐작하기도 한다. 네이밍이 어느 나라 말인지 궁금해하는 이들도 더러 있는데, 어디까지나 우리 말로 지은 한국 브랜드다.

무신사 사이트에 가보면 '무지하게 신발을 사랑해서'라는 풀이가 보이는데, 처음부터 이 뜻은 아니었다. 원래는 '무지하게 신발 사진이 많은 곳'이라는 의미로, 이름에서 유추할 수 있듯이 조만호 대표가 고등학교 시절부터 운영한 프리챌 운동화 동호회로 출발했다. 이후 조 대표가 대학에서 패션을 전공하면서 동호회 자체를 웹진 형태로 자연스럽게 바꿔나갔고, 동대문에서 가져온 제품을 판매하는 유통망으로 거듭났다. 지금은 거래액 1조 원을 목표로 하는 한국 패션계의 아마존으로 성장하고 있다.

무신사는 스스로 패션 분야의 최신 정보를 전달하는 미디어이자 다양한 패션 브랜드를 돕는 커머스라 정의한다. 한마디로 패션에 관한 모든 것이 존재하는 미디어 커머스 채널이 무신사의 현재 위치다. 구하기 힘든 한정판(limited edition) 운동화 몇 컬레를 팔면서 시작된 무신사는 지금은 입점 브랜드만 3000개가 훌쩍 넘어 10~20대가 신발을 구매할 때 가장 먼저 들르곤 하는 온라인 쇼핑몰이 되었다.

무신사의 성공요인을 하나로 설명하기는 어렵다. 그러나 항상 빠지지 않고 언급되는 경쟁력은 '살아 있는 경험과 지식이 바탕이 된 콘텐츠'다. 신발을 좋아하는 사람들의 커뮤니티를 운영하면서 조 대표가 맨땅에서 얻은 경험과 지식은 그대로 무신사만의 콘텐츠가 되었고, 무신사를 단순한 온라인 유통채널이 아니라 유용한 콘텐츠가 가득한 미디어로 인식되도록 했다. 실제 무신사 사이트에 가보면 그때그때 유행하는 패션 아이템의 사진과 스토리가 10~20대가 가장 좋아하는 방식으로 제공된다. 그런 정보에 반복 노출되면서, 외모나 스타일에 관심이 많은 젊은 세대들은 이곳을 매일 한 번은 들어가봐야 하는 일종의 미디어 커뮤니티처럼 받아들이게 된다.

또래가 입고 있는 멋스러운 옷과 신발 사진을 보고 해당 글을 읽다 제품을 사고 싶어지면 클릭 몇 번으로 바로 구매할 수 있다. 이것이 바로 무신사가 가진 진짜 힘이다. 무신사의 판매 수수료가 결코 낮다 할 수 없는데도 3000개 이상의 브랜드가 입점하는 이유가 여기에 있다. 이곳에 들어오면 브랜드 노출부터 스토리텔링 마케팅 그리고 판매까지 한 번에 해결할 수 있기 때문이다.

판매자와 수요자가 모여들면서 무신사는 자연스레 포털과 같은 힘을 갖게 되었다. 무신사가 운영하는 온라인 사이트에

패션 커뮤니티 느낌이 돋보이는 무신사 홈페이지 (출처 : 무신사 홈페이지)

들어가면 가장 먼저 중앙에 배치된 다양한 패션 아이템 관련 뉴스와 매거진 콘텐츠가 눈에 들어온다. 왼쪽에는 그때그때 잘 팔리는 제품 순위가 있고 오른쪽에는 인기 있는 패션 아이템을 입은 20대 힙스터들의 사진이 보인다. 무신사에서 순위가 높은 아이템은 금방 10~20대의 필수템이 된다. 네이버가 한때 '실시간 검색어 리스트'를 통해 그들이 가진 힘을 보여주었다면, 무신사는 실시간 랭킹으로 젊은 세대에게 막대한 영향을 미치고 있다.

급기야 최근에는 '무신사 룩'이라는 표현도 생겨났다. 주로 길거리 패션을 일컫는데, 무신사에서 높은 순위를 어느 정도 유지한 의류는 길거리에서 흔히 보일 정도로 많이 팔린다는 뜻에서 생겨난 용어다. 길거리에서 포착된 훌륭한 무신사 룩은 '스트릿 스냅 페이지'에 올라와 다시 홍보에 활용된다. 이처럼 무신사는 콘텐츠만 전달하는 것을 넘어 고객들과 소통하는 데에도 열심이다. 인기 있는 제품은 고객후기를 적극적으로 콘텐츠화해서 보여준다. 젊은 세대가 좋아할 만한 콘텐츠만 전달하는 것이 아니라 그들이 좋아하는 방식으로 소통함으로써 이들이 무신사의 생태계에 오래 머물도록 커뮤니티화하는 것이다.

실제로 10~20대의 커뮤니티 참여도는 매우 높다. 커뮤니티에는 자신의 최신 패션 아이템을 자랑하는 글을 비롯해 TV나 인스타그램에 올라온 연예인들의 사진 속 신발 브랜드를 묻는 글이 눈에 띈다. 무신사의 주요 고객층인 10~20대는 패션 정보는 물론 자신의 일상에 관한 글도 편하게 올린다.

패션 관련 쇼핑몰치고는 홈페이지 분위기가 전체적으로 엄청나게 세련된 느낌은 아닌데, 이는 다분히 의도적인 듯하다. 인터넷에 익숙한 젊은 세대들은 지나치게 세련된 형태로 올라오는 콘텐츠는 광고 글이라고 인식하곤 한다. 그래서 상업적 목적으로 운영하더라도 의도된 '아마추어리즘'을 유지하고자 노력하는 사이트가 적지 않다. 무신사 역시 트렌디한 정보가 계속 올라오는 곳이지만 동시에 또래들과 패션에 관해 다양한 이야기를 나눌 수 있는 편안한 커뮤니티 느낌을 주기 위해 아마추어리즘을 유지하고 있다.

매출규모 1000억 원 이상인 전자상거래 기업 중 거의 유일하게 흑자를 내는 곳이 바로 무신사다. 2018년부터 자체 브랜드 '무신사 스탠다드'를 내놓아 1년 만에 170억 원 매출을 만들어 내기도 했다. 그런가 하면 패션 브랜드들 간의 시너지 효과를 꾀할 수 있는 공유 오피스 사업에도 진출했다. '신발 덕후'였던 고등학생이 만든 이곳이 어디까지 성장해갈지는 아직 아무도 모른다.

마트나 백화점은 20대를 포기해야 할까?

　이마트의 실적 부진 이야기가 2019년 크게 화제가 되었다. 이마트는 2019년 1분기 어닝쇼크(예상보다 부진한 실적)를 기록했는데, 지난해 같은 기간에 비교해 50% 이상 줄어든 실적이다. 2018년 5월말 28만 원에 이르던 주가 역시 1년 만에 반 토막이 났다. 주류가 비주류가 되는 것은 늘 있는 일이지만 대형마트의 침체는 워낙 급격하기에 큰 충격으로 다가온다.

　안타깝게도 이는 대형마트만의 사정이 아니다. 백화점의 빅3로 꼽혔던 롯데·현대·신세계 백화점의 영업이익률 또한 2010년 이후 계속 떨어지고 있다. 금융감독원 자료에 따르면 이들

백화점의 2017년 영업이익률은 2012년의 절반 수준이라고 한다. 1~3위가 고전을 면치 못하니 전체 백화점 시장의 매출도 성장하지 못한 채 현상유지에 급급한 모양새다.

한국 대형마트의 맏형 격인 이마트의 실적 부진과 빅3 백화점의 영업이익률 감소는 디지털 전환(digital transformation) 시대를 맞아 오프라인 매장이 겪고 있는 위기의 단면을 보여준다. 이 위기는 특히 전통적인 대형 오프라인 매장에 집중된다. 20~30대 젊은 소비자들이 이탈한 것이 주요 원인이다. 오전에 휴대폰 한두 번만 터치하면 구매한 물건을 저녁에 받을 수 있는 시대 아닌가. 디지털 기기를 통해 쇼핑하는 데 익숙한 이들에게 이마트 매장은 더 이상 방문할 가치를 주는 매력적인 곳이 아닐지 모른다. 또한 해외 직구 사이트를 자유자재로 이용하는 디지털 세대로서는 높은 유통마진이 붙는 백화점 제품을 살 이유가 없다.

그렇다면 대형마트나 백화점은 20대 전후의 소비자를 포기해야 할까? 그럴 수는 없다. 이들이야말로 유통분야의 가장 중요한 소비주체로 등장하고 있으니 어떻게든 젊은 소비자들이 매장에 오도록 매력지수를 높여야 한다. 실제로 이들 전통적인 오프라인 매장은 젊은 디지털 세대의 눈과 귀를 사로잡기 위해 변화에 엄청난 노력을 기울이고 있다.

현대백화점이 가장 적극적이다. 젊은 세대에게 어필하려면 그들의 관점에서 기획해야 한다. 회사에도 젊은 구성원들이 많으니 그들이 좋아하는 것을 반영하면 되지 않을까? 이런 기조 아래 사내의 20~30대 구성원들이 직접 아이디어를 내고, 이를 실험해볼 수 있게 했다. 전국의 현대백화점 14개 점포에 '크리에이티브 존(Creative Zone)'을 만들고 사원-대리급 직원들에게 본인이 발굴한 브랜드와 콘텐츠를 마음껏 선보일 수 있는 공간을 제공한 것이다. 디지털 세대를 타깃으로 한 일종의 R&D형 매장이다. 젊은 구성원들이 외부에서 다양한 브랜드를 접하고 콘텐츠를 발굴할 수 있도록 한 달에 한 번은 사무실에 출근하지 않는 '오피스 프리데이'도 운영하고 있다.

롯데백화점 역시 사내 디지털 세대의 목소리를 적극적으로 청취한다. 롯데백화점은 젊은 세대를 타깃으로 한 팝업스토어를 주기적으로 여는데, 일례로 2019년 3월에는 '갬성 푸드' 팝업 행사를 열고 젊은 세대가 좋아하는 다양한 맛집을 선보였다. 젊은 세대가 SNS에서 많이 쓰는 '갬성'이란 표현에는 보편적인 정서가 아니라 개인의 취향을 확실하게 건드리는 특화된 정서라는 느낌이 있다. '갬성 푸드' 마켓도 누구나 알 법한 일반적인 맛집을 소개하기보다는 20대가 특히 좋아할 만한 이색 맛집 상품을 소개하는 컨셉으로 진행했다. SNS에서 한 번쯤 본 유명 먹거리들을 맛볼 수 있다는 즐거움에 '갬성 푸드'만의 재해석을 더해 한층 재미있게 즐길 수 있도록 한 것이다.

행사 컨셉도 흥미롭지만, 더욱 흥미로운 점은 이 행사가 입사 3주차 신입사원의 작품이라는 것이다. 과거 대기업에서 신입사원이 이만 한 규모의 행사를 직접 기획하는 게 가능했던가? 말로만 젊은 소비자를 공략한다고 하지 않고 실제로 그 세대의 감성을 반영하려는 노력을 읽을 수 있다. 물론 이러한 팝업스토어를 통해 눈에 띄는 매출향상을 기대하기는 어렵다. 그보다는 디지털 세대가 좋아하는 방식으로 소통함으로써 백화점을 그들이 선호하는 콘텐츠가 있는 공간으로 새롭게 인식하도록 만드는 데 목적이 있다.

앞으로도 전통적인 오프라인 공룡들은 디지털 세대에게 사랑받는 장소로 변신하기 위해 다양한 방식의 실험을 해나갈 것이다. 마트와 백화점으로 대표되는 기존의 대형 오프라인 유통기업의 자리를 수많은 온라인 스토어가 대체하고 있다. 특히 디지털에 친숙한 젊은 세대에게 사랑받으며 매년 엄청난 규모로 성장하는 온라인 쇼핑몰도 등장하기 시작했다. '젊은 피'를 적극 수혈하려는 백화점의 시도는 이러한 온라인 쇼핑몰에 대체되지 않으려는 필사의 노력이다.

이것이 비단 유통업체만의 사정이겠는가? 디지털 세대가 생각하는 법, 라이프스타일, 소비의 기준을 이해하지 못한다면 어느 누구도 디지털의 역습을 피해갈 수 없을 것이다.

디지털 시대와 노는 법

디지털 시대에는 라면도 콘텐츠가 된다

이른바 '100세 시대'다. 남녀노소를 막론하고 건강을 중시하는 오늘날에는 웰빙 음식이 트렌드이고 몸에 나쁜 인스턴트 음식은 공공의 적이 되었다. 단적인 예로, 대표적인 인스턴트 식품인 라면의 시장규모가 점점 줄어드는 모양새다. 닐슨코리아의 발표에 따르면 2017년 주요 4개 라면회사(삼양, 농심, 오뚜기, 한국야쿠르트)의 매출을 합한 국내 라면시장 규모는 1조 9000억 원으로 전년보다 2.5% 감소했다고 한다. 라면시장이 하락세로 접어들었다는 뜻이다. 이제 사람들은 건강한 먹거리를 추구하며, 설령 직접 요리를 하지는 않더라도 라면이 아니라 건강한 컨셉의 간편식(HMR)을 선호한다. 간편식 시장이 빠르게 커지는 만큼 라면시장의 회복을 점치기는 당분간 어려워 보인다.

그런데 이런 상황에서 회사 매출을 절반 이상 키운 초대박 라면이 있다. '이게 사람이 먹을 수 있는 맛인가?'라는 평을 듣는 삼양 '불닭볶음면' 이야기다. 라면의 성장세가 꺾인 2018년 상반기에 삼양은 매출 2493억 원에 영업이익은 전년 대비 52% 증가한 301억 원을 달성하며 창사 이래 최대 실적을 거두었다. 매출의 일등공신은 단연 불닭볶음면이다. 불닭 브랜드의 열풍은 국내를 넘어 해외로 이어져 2018년 '무역의 날' 행사에서 삼양은 2년 연속 수출탑을 수상했다. 불닭 브랜드 하나로 2억 달러 수출을 달성한 것이다. 소비도 꾸준해서, 2019년 7월에 불닭볶음면은 누적 매출 1조 원, 누적 판매량 18억 개를 돌파했다. 전 세계 인구 4명 가운데 한 명에게 불닭볶음면을 판매한 셈이다.

인기의 진원지는 20대 젊은 층이다. 그러나 아무리 인기가 거세도 10년 전이라면 매운맛을 좋아하는 일부 마니아층에만 소구되고 말았을 것이다. 말도 안 되게 매운 이 제품이 소수 마니아를 넘어 전 세계로 퍼져나간 데에는 디지털을 기반으로 한 다양한 마케팅 전략이 큰 역할을 했다.

삼양은 불닭볶음면이 인터넷 상에서 다양한 방식으로 회자될 수 있도록 노력했다.

첫째, 불닭볶음면 제품 자체가 UGC(user-generated content)에 적합한 속성을 가지고 있다. UGC 전략은 특정 제품이나 서비스를 쓰는 고객이 그와 관련된 콘텐츠를 자연스럽게 인터넷 상에 배포하도록 전략적으로 이끌어내는 것을 의미한다. 말 그대로 고객들이 자발적으로 바이럴 콘텐츠를 만들어 올리도록 장려한 것이다.

지금은 인플루언서 시대다. TV나 전통적인 종이잡지가 아니라 페이스북, 유튜브, 아프리카TV와 같은 인터넷 기반 채널에 자신만의 콘텐츠를 만들어 올리고 팬을 늘려나가려는 수많은 콘텐츠 크리에이터들이 존재한다. 모든 채널이 그렇듯이, 유지하려면 계속 콘텐츠가 올라와야 한다.

그래서 크리에이터들은 항상 방송 콘텐츠에 목마른데, 그중 손쉽게 만들 수 있는 포맷이 바로 일반인들을 등장시키는 프랭크버타이징(prankvertising) 방식이다. 일종의 몰래카메라라고 이해하면 쉬운데, 출연자에게 특정 행위를 하도록 하고 반응을 관찰하는 것이다. 모두 알다시피 불닭볶음면은 엄청나게 맵다. '매워봐야 얼마나 맵겠어?'라고 생각하는 사람들의 호기로운 모습을 자연스럽게 이끌어내고 막상 먹었을 때 매워서 어쩔 줄 모르는 모습을 보여줌으로써 재미있는 콘텐츠를 쉽게 만들어낼 수 있다.

불닭볶음면은 이처럼 최신 흐름에 가장 적절한 방식으로 소비자들과 소통함으로써 제품을 성공시켰다. 불닭볶음면의 마케팅은 철저히 UGC 전략을 중심으로 움직였다. 인터넷에 검색해보면 수많은 콘텐츠 크리에이터들이 이 라면을 먹고 매워서 쩔쩔매는 재미있는 영상을 볼 수 있다. 이것이 입소문을 탔고, 영상을 본 이들이 호기심에 따라 먹어보며 매출이 급상승하기 시작했다.

매운 맛에 익숙하지 않은 외국인들이 유독 불닭볶음면 동영상에 많이 등장하는 것도 이러한 이유로 설명 가능하다. 외국의 콘텐츠 크리에이터들 역시 일반인들에게 전 세계의 낯선 음식을 먹여보고 그 반응을 재미있는 방식으로 전달하는 포맷을 자주 사용한다. 한국 하면 매운(spicy) 음식이 많은 것으로 유명하다. 그런 나라에서도 맵다고 소문날 정도라면 외국인들이 먹었을 때의 반응은 충분히 기대가 될 것이다. 더욱이 외국으로 쉽게 공수할 수 있고 뜨거운 물만 부으면 되니 도전하기도 편하다. 이처럼 불닭볶음면은 외국인 크리에이터들이 UGC 소재로 쓰기에 좋은 속성을 많이 가지고 있다. 실제로 유튜버 '영국 남자'는 불닭볶음면이 뜨기 전에 일찌감치 영국에 있는 친

유튜브 크리에이터들의 단골 영상소재가 되어 전 세계로 퍼져나간 불닭볶음면 (출처 : 삼양식품 홈페이지)

구들에게 먹이고 그 반응을 콘텐츠로 만들었는데, 이를 필두로 수많은 외국 유튜브 크리에이터들이 불닭볶음면을 UGC 소재로 사용했다.

디지털 세상에서 콘텐츠가 입소문을 타는 데 가장 선봉적인 역할을 하는 이들이 바로 인플루언서다. 그리고 이들이 콘텐츠로 만들기에 적절한 매력이 있다는 것은 불닭볶음면의 성공에 큰 역할을 했다.

최근에는 인플루언서들에게 비용을 지불하고 콘텐츠에 제품을 노출시키는 PPL 방식도 많이 활용하지만 진정성을 중요시하는 소비자들에게서 좋은 반응을 이끌어내기는 어렵다. 그보다는 불닭볶음면처럼 우리 제품을 UGC로 활용할 수 있는 요소를 제품 기획단계에서부터 만들어갈 필요가 있다.

둘째, 소비자들이 궁금해하는 브랜드가 되려고 노력한 점이 불닭볶음면의 UGC 성공전략에 큰 역할을 했다.

불닭볶음면이 인터넷을 중심으로 입소문이 나기 시작해 오프라인에서도 큰 성공을 거둔 후 삼양은 한층 재미있는 버전의 불닭볶음면 제품을 연이어 출시했다.

인터넷 세상에서 우리 제품/서비스가 지속적으로 사람들의 입에 오르내리려면 사람들이 계속 궁금해하는 브랜드가 되어야 한다. 끊임없이 변화를 꾀해 '저 브랜드가 이렇게 재미있는 일도 하네'라는 인식을 지속적으로 심어주어야 한다. 관공서에서나 사용되던 모나미 볼펜을 살린 것이 고가의 한정판 '153 Limited edition'이었던 것처럼, 최근 많은 브랜드가 고유의 브랜드 컨셉을 훼손하지 않는 범위 내에서 다양한 변주를 시도하고 있다. 빙그레는 인기제품인 바나나맛우유의 기간한정판으로 '오디맛우유', '귤맛우유' 등을 선보였다. 마찬가지로 불닭볶음면은 초기의 성공에 머물지 않고 재미있는 후속제품을 계속 내놓으면서 사람들이 이야기하고 싶어 하는 재미있는 브랜드가 되는 데 성공했다.

디지털 시대와 노는 법

입소문이 만들어지는 과정을 설계하라

  불닭볶음면의 대성공에 고무된 것일까? 최근 삼양뿐 아니라 라면을 판매하는 기업들이 앞 다투어 20대 전후의 소비자를 겨냥한 제품을 쏟아내고 있다. 인스턴트 음식의 핵심 소비층인 젊은 세대의 감성에 직접 소구하는 트렌디하고 개성 있는 제품이 하루가 멀다 하고 등장한다. 오뚜기는 '쇠고기 미역국 라면'을, 농심은 '참치마요 비빔면'이나 '스파게티 까르보나라' 같은 하이브리드 제품을 내놓고 젊은이들의 반응을 체크하고 있다. 과거에는 한두 개의 히트상품을 만들고 해당 제품에 집중하는 마케팅 활동을 펼쳤다면 최근에는 빠르게 변화하는 젊은 소비자들의 선택을 받기 위해 다양한 제품을 시즌별로 내놓고 SNS상에서 화제를 불러일으키는 형태로 마케팅을 진행하는 추세다. '참참참 계란탕면'은 마케팅 비용을 크게 집행하지 않고도 SNS에서 젊은 소비자들의 입소문을 탄 덕분에 출시 한 달 만에 100만 개 이상의 판매실적을 거두었다.

  비용이 크게 들지 않는 마케팅 싸움에서 회사의 덩치는 더 이상 장점도 단점도 아니다. 실제로 잘 짜인 스토리텔링 전략만으로 굴지의 경쟁사들을 상대하며 좋은 성적을 거두고 있는 라면 브랜드가 있다. '옥토끼프로젝트'라는 스타트업이 만든

'요괴라면'이 그 주인공이다.

흥미로운 점은 이 브랜드가 초반에 특별한 마케팅 비용 지출 없이 젊은이들의 구매를 불러일으킨 방식이다. 이들의 홍보 전략은 기본적으로 입소문 마케팅으로, 인플루언서에게 제품을 보내주고 그들의 SNS에 자연스럽게 제품을 노출하는 시딩 마케팅(seeding marketing) 방식을 채택했다.

이 방식은 PPL이 아니므로 자연스러운 입소문이 가능하지만, 한편으로는 인플루언서들이 어떤 식으로 제품을 다룰지 사전에 협의할 수 없다는 리스크가 있다. 그래서 이들은 입소문이 퍼져나가는 과정을 철저히 설계했다. 먼저 입소문의 진원지가 될 인플루언서들을 선별하고, 이들이 자발적으로 제품을 소개하게 할 방안을 고민했다. 택배박스를 받아 풀어보는(unboxing) 순간부터 시작해 라면 포장을 보며 한마디, 라면을 끓이면서 한마디, 그릇에 담아 먹으면서 한마디 하는 전체 과정에 과연 SNS에 올리지 않고는 못 배길 포인트가 있는가? 콘텐츠로서의 가치가 있는가?

이들은 인플루언서들에게 증정품 박스를 보낼 때 사진을 찍어 올릴 수 있는 여지를 넣는 데 고민을 집중했다. 몇 백만 원을 추가로 들여 고급스러운 박스를 제작했고, 라면만 보내는 것이 아니라 라면을 맛있게 끓여 먹을 수 있는 양은냄비도 함께 담

디지털 시대에는 음식도 콘텐츠로 승부할 수 있음을 보여준 요괴라면은 삼성 갤럭시와의 콜라보로 또 한 번 화제를 모았다. (출처 : 옥토끼프로젝트 페이스북)

아 보냈다. 양은냄비에는 로고 캐릭터를 넣어 반드시 그 냄비에 라면을 끓이고 나아가 사진도 찍고 싶게끔 유도했다.

결과는 대성공이었다. 제품을 찍을 때 보내준 증정박스까지 함께 찍어서 SNS에 업로드한 비율이 90%에 가까웠다. 해당 게시물을 보고 더 유명한 인플루언서와 연예인들이 증정을 요청하는 경우도 많았다고 한다. 이들의 사진을 보고 수많은 소비자들이 라면을 주문하기 시작해, 특별한 마케팅 활동 없이도 첫 달에만 5만여 개를 판매하는 성과를 거두었다.

시장에 성공적으로 안착한 이후에도 옥토끼프로젝트는 20대가 좋아하는 방식으로 소통하며 새로운 브랜드를 계속 론칭하고 있다. 특히 자신만의 버전을 만들어 먹기 좋아하는 20대를 위해 유튜브 채널과 인스타그램 등에 다양한 재료를 활용한 레시피 제안 콘텐츠를 올려두기도 한다. 이러한 마케팅 활동 덕분에 단기간에 브랜드 인지도가 높아져 지금은 삼성전자 등의 기업과 콜라보레이션을 하는 가장 핫한 라면 브랜드 중 하나가 되었다.

요괴라면은 젊은 층이 좋아하는 방식으로 커뮤니케이션하고, 이를 기반으로 가치 있는 브랜드가 되었을 때 얼마만큼 성장할 수 있는지 보여주는 좋은 사례다. 또한 '맛만 좋으면 그만'이라고 생각하기 쉬운 식품 브랜드에도 디지털 시대에 대한 이해도가 얼마나 중요하게 작용하는지 실감하게 하는 예시이기도 하다.

맛은 둘째, 취향이 첫째

모두가 '퇴사'를 이야기하는 시대다. 더욱 특이한 것은 퇴사를 둘러싼 정서다. 40대 이상의 세대에게 퇴사는 절벽에 내몰리는 듯 막막하고 부정적인 단어라면, 20~30대 초반까지의 젊은 세대에게 퇴사란 또 다른 시작이라는 긍정적인 뉘앙스로 많이 언급된다. 실제로 빅데이터 전문기관인 다음소프트 최재원 이사가 2018년 11월 〈한겨레〉의 '빅데이터로 보는 경제'에 기고한 자료를 살펴보면 2015년 퇴사 관련 연관어는 '힘들다', '스트레스', '막히다' 등의 부정적인 키워드가 대부분이었다고 한다. 그런데 2017년에는 퇴사와 함께 언급된 말들 중 1위가 놀

랍게도 '축하'였다. '스트레스'나 '힘들다' 같은 부정적 언어도 여전히 포함되기는 했지만 상위에 포진한 연관 서술어는 '축하', '좋다', '꿈꾸다', '부럽다', '응원하다'와 같은 긍정적인 단어가 대부분이었다.

어쩌다 퇴사가 긍정적인 단어가 되었을까? 20~30대는 퇴사하고 스스로 창업하기를 원한다. 남에게 매인 삶이 아니라 자신이 주도하는 삶을 시작할 수 있기에 퇴사는 막막함이 아니라 축복이 될 수 있다. 자신을 가장 중요시하는 세대의 특성이 드러나는 대목이기도 하다.

그런데 흥미로운 사실은 창업에 대한 관심은 높은 반면 프랜차이즈 창업에 대한 관심은 가파르게 떨어지고 있다는 사실이다. 실제 각종 포털사이트가 제공하는 검색량 데이터에 따르면 '프랜차이즈 창업'을 검색하는 빈도가 눈에 띄게 줄었다고 한다. 이전 세대가 퇴사하면 으레 퇴직금을 들고 프랜차이즈 업체를 찾아갔던 것과는 대조적인 현상이다. 지금 20~30대는 독립 창업, 즉 스스로 브랜드를 만들고 자신의 정체성을 드러내려는 경향이 높다. 크지 않더라도 나만의 취향이 묻어나는 나만의 가게를 열고 싶다는 열망이 있다.

이전 세대는 자신의 정체성이 중요하지 않아서 프랜차이즈 업체를 찾아갔을까? 그렇지는 않을 것이다. 다만 프랜차이즈가 시스템이나 인지도 면에서 더 안정적이기에 선호했던 것이다. 홍보나 마케팅의 지원을 받을 수 있다는 것도 무시 못할 장점이었다.

그런데 이제는 프랜차이즈의 장점을 디지털이 대신해줄 수 있다. 오늘날 젊은 세대가 독자적인 창업을 꿈꿀 수 있게 된 것도 따지고 보면 디지털의 힘이 크다. 과거에는 가게를 열고 나서 할 수 있는 마케팅 경로가 한정되어 있었다. 인쇄소에서 전단지를 만들어 주변에 뿌리는 것 말고는 뾰족한 홍보수단이 없었고, 이제는 이마저 불법이다. 개인이 가게를 알릴 방도가 마땅치 않아 결국 프랜차이즈를 통해 창업했던 것이다.

그러나 지금은 큰돈 들이지 않고도 기본적인 SNS 커뮤니케이션만 할 수 있으면 누구에게나 홍보할 수 있는 시대다. 이에 따라 수많은 개인이 자신의 개성을 담은 창업에 도전했고, 점차 성공사례도 나타나기 시작했다. 주인장의 취향을 반영한 작은 가게를 좋아하는 젊은 디지털 세대의 성향도 이들의 성공에 도움을 주었다.

최근 이태원 상권 및 경리단길의 몰락, 대로변 상권의 침체를 다룬 기사가 심심찮게 보인다. 과거에는 눈에 잘 띄는 대로변 상권이 무조건 그 지역을 살리는 대장 역할을 했지만, 끝없이 오르기만 하는 임대료 때문에 대로변 상점일수록 오히려 자신만의 색깔을 가장 빠르게 잃어버렸다. 대신 이면도로에 있던 상점, 골목에 숨어 있던 가게들이 존재감을 드러내기 시작했다.

'찾아가기 힘든 가게는 잘될 수 없다'는 명제는 디지털 시대에 더 이상 정답이 아니다. 사람들의 손에는 인터넷이 연결된 스마트폰이 들려 있다. 이제는 찾아갈 만한 가치만 있으면 대로변에 위치해 있지 않더라도 금방 입소문이 난다. 그곳을 찾아간 사람들이 너도나도 SNS에 글을 올리기 때문이다. 클릭 몇 번만 하면 어느 역에서 내려서 몇 분만 걸어가면 되는지 상세히 알 수 있다. 그러니 오늘날 중요한 건 가게의 위치가 아니라 해당 가게가 찾아갈 만한 진짜 가치를 주느냐다.

취향을 드러내는 브랜딩 스토리가 있는가?

'도산분식', '아우어 베이커리', '배드 파머스', 모두 젊은이들 사이에 인기 있는 F&B 브랜드다. 이들 브랜드를 만들어낸 곳은 최근 가장 핫한 외식업체로 떠오르고 있는 CNP푸드컴퍼니다. CNP푸드는 'Culture and People'의 약자로, 이들은 스스로 문화가 있는 비즈니스를 만드는 집단이라고 소개한다. 회사 홈페이지에 가면 외식업체라기보다는 문화 매거진 홈페이지 같은 느낌을 받는다. 이곳에서 그들은 음식이나 식당을 홍보하기보다는 그들이 말하고 싶은 문화와 스토리를 드러내고자 한다. 자신들이 생각하는 바를 꾸준히 만들어내고 이야기하고 싶다는 30년지기 창업자들의 꿈을 홈페이지 곳곳에서 드러낸다.

CNP푸드의 사업규모는 이미 괄목할 수준이지만, 이들은 결코 브랜드를 프랜차이즈로 확장하는 전략을 취하지 않는다. 하나의 브랜드를 크게 키워 전국에 뿌리는 것이 아니라 다양한 브랜드를 소점포로 운영하는 방식이다. 각각의 브랜드에는 저마다 뚜렷한 취향과 팔고자 하는 문화가 있다. 맛있는 음식을 제공하는 것도 중요하지만, 자신들이 팔고자 하는 취향을 확실히 표현하고 그 취향에 맞는 사람들이 찾아오게 하려고 많은 노력을 기울인다.

아우어 베이커리는 하루에 만드는 빵의 개수를 제한해 품질을 높이고 제품 자체에 희소성을 부여한다. 그러나 이는 비단 아우어 베이커리뿐 아니라 이미 많은 빵집에서 채택한 전략이다. 이들과 기존 외식업체들의 가장 큰 차이점은 빵 그 자체보다는 디지털 세대와의 소통전략에 있다. 그것도 단순히 고객만족 차원의 소통이 아니라 디지털 세대에 정확히 부응하는 소통전략을 추구한다.

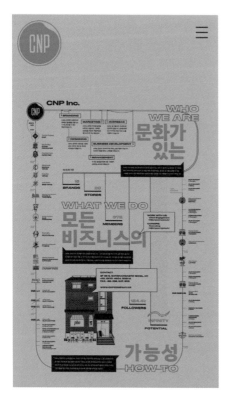

문화가 있는 비즈니스를 꿈꾸는 외식업체, CNP푸드 홈페이지. 전반적인 느낌이 문화 매거진을 연상케한다. (출처 : CNP푸드 홈페이지)

    이는 특히 SNS에서 빛을 발한다. 빵도 맛있지만 빵을 담아주는 봉투도 페이즐리 문양으로 가득 채워 봉투 때문에라도 사진을 찍고 싶어진다. 봉투 하나도 허투루 제작하지 않을 만큼 디지털 세대의 소통방식을 중시한 덕분에 2016년부터 인스타그램에 올라온 '#아우어' 해시태그만 7만 건에 달한다. '빵지순례'가 아니더라도 한 번쯤 가서 사진을 찍어야 하는 핫한 빵집으로 자리잡은 것이다.

그뿐인가, 페이스북에서는 '나는 서울러'라는 페이지를 운영한다. 서울에서 꼭 가봐야 하는 인스타그래머블한 장소들을 멋진 사진과 함께 소개하는 일종의 온라인 잡지다. 구독자도 8만 명가량으로 적지 않으며 게시물마다 몇 백 회씩 공유될 만큼 반응도 좋다. 자사의 식당이나 메뉴를 직접 소개하지는 않지만, 맛집을 탐방하는 이들과 긴밀하게 소통하는 채널로서 CNP 커뮤니티 사업의 핵심적인 역할을 하고 있다.

이들 역시 언젠가는 프랜차이즈 영역으로 사업을 확장할지도 모른다. 그러나 확장을 위한 확장, 가맹점을 늘리는 데 중점을 두는 사업을 할 생각은 없는 듯하다. 시너지 효과를 낼 수 있는 규모는 브랜드마다 다르므로, 그 선까지만 선택적인 가맹사업을 추진하겠다는 비전을 밝힌 바 있다.

CNP푸드의 성공은 개성 없는 프랜차이즈로는 더 이상 성공을 보장받기 어려운 시대라는 것을 보여준다. 어설프게 대기업의 명성에 업혀 가느니 자기 정체성을 전면에 드러내는 편이 더 승산 있을지 모른다. 뚜렷한 개성을 가진 디지털 세대의 취

> "먹는 거 좋아해서 식비에 많이 쓰고요. 쇼핑이나 브랜드에는 관심이 없어서 인터넷이나 지하상가에서 옷이나 가방 구매하고요. 대신 제가 좋아하는 뮤지컬에는 돈 안 아끼고 써요." (대학생 인터뷰)
> "좋아하는 브랜드는 사람마다 다를 텐데 저는 올리브영, 공차, 데쌍트 좋아해요." (고등학생 인터뷰)

향에 부응해, 작지만 확실한 스토리와 취향을 가진 브랜드를 만들어가야 하는 시대다.

어느덧 우리의 삶은 브랜드와 떨어뜨려 설명하기 어려워졌다. 우리가 먹고 마시고 즐기는 모든 행위는 우리가 사랑하는 브랜드와 연결되어 있다. 수많은 자동차 브랜드 가운데 미니를 타고 출퇴근하고, 수많은 호텔이 있음에도 에어비앤비에서 여름휴가를 보내는 데에는 이유가 있다. 몸에 좋지 않다는 것을 알면서도 코카콜라를 마시는 행위에는 사랑하는 브랜드와 우리의 일상이 얼마나 강력하게 연결돼 있는지가 자연스럽게 드러난다.

이처럼 우리에게 밀착돼 있는 브랜드가 디지털 시대를 맞아 몰락하기도 하고 새롭게 떠오르기도 한다. 브랜드의 성공법칙이 시시각각 달라지고 있다. 아니, 디지털이 변화시키는 것은 브랜드 이전에 우리의 삶이다. 주말이면 누구나 똑같이 대형마트에 가서 쇼핑을 하고 은행에서 돈을 송금하고 패밀리 레스토랑에서 가족과 외식을 하는 시대는 지났다. 이들을 대체하는 새로운 브랜드가 우리의 삶에 속속 등장하기 시작했다. 새로운 브랜드들의 공통점은 누구보다도 자신의 디지털 감각을 젊게 유지하면서 디지털 세상에서 명민하게 디지털 세대와 소통한다는 사실이다.

4차 산업혁명 등 디지털 시대에 대한 이야기는 이미 충분히 들어왔다. 그렇다면 디지털 시대를 주도할 디지털 세대는 어떤 이들이며, 우리의 디지털 감각을 젊게 하려면 어떻게 해야 할까? 2장과 3장에서 살펴볼 주제들이다. 먼저 2장에서는 디지털 세대에 대해 알아보자.

—
[인터뷰]관록의 브랜드가 디지털 시대에
발맞추는 법
─────── 빙그레 마케팅팀 이수진 과장/기호진 대리

최근 많은 기업이 '요즘 세대' 때문에 어려움을 겪고 있는 와
중에 몇몇 '역전의 용사'들의 활약상이 눈부시다. 특히 빙그레
의 '바나나맛우유'를 비롯한 다양한 브랜드들은 역사가 오래되
었음에도 디지털 세대와 호흡을 잘 맞춰가고 있어 많은 기업이
비결을 궁금해한다.

46년 된 바나나맛우유 브랜드를 10년째 담당하고 있는 이수
진 과장과 아이스크림 분야를 담당하는 기호진 대리에게 노하
우를 들어봤다.

업무나 개인생활에서 몇 년 전에 비해 많이 달라졌다고 느끼는 점이 있나요?

이수진 과장(이하 '이') : 제가 느끼기에 가장 크게 달라진 점은 영상의 영향력이 더 커졌다는 거예요. 무언가 검색을 할 필요가 있을 때도 영상으로 먼저 찾아보게 되고, 광고 콘티를 구성할 때도 그 플랫폼에서 '스킵'되지 않을 영상을 만드는 데 노력을 더 많이 쓰게 되더라고요.

기호진 대리(이하 '기') : 저는 일단 개인적으로는 주52시간제 덕분에 업무가 상당히 수월해졌습니다. 만족스럽고요. 예전에는 야근도 잦고 주말 출근을 하기도 했는데 지금은 그런 게 안 되니 워라밸이 상당히 좋아졌어요. 저는 식품 마케팅 쪽 업무를 하니 그쪽으로 고민해봤는데, 허니버터칩이 딱 5년 전에 SNS에서 유명해져서 품절대란이 났더라고요. 그 이후로는 그런 제품이 또 생기지 않는 걸 보면서 소비자의 입맛이 점점 까다로워지고 점점 똑똑해진다고 할까요, 스마트컨슈머가 많아진다는 생각이 듭니다. 또 한 가지는 보통 유행이 오래가면 트렌드라고 하고 짧으면 패드(fad)라고 하잖아요. 패드식의 유행이 더 많아진 듯해요. 분산되기도 하고요. 허니버터칩은 전 국민이 알 정도였는데 요즘은 유행하더라도 특정 집단, 특정 연령대, 특정 계층에 국한될 뿐 국민적으로 확산되는 경우는 드문 것 같아요. 그나마 최근에 큰 공감을 받았던 콘텐츠라면 〈스카이캐슬〉일 텐데, 그 역시 조금 윗 연령대나 학생들이 많이 봤지 국민 드라마 정도는 아니었던 것 같아요.

그렇죠. 말씀하신 그룹이나 세그먼트를 과거에는 연령 기준으로 많이 나눴는데, 지금은 어떤가요?

기 : 저는 관심사가 기준이 된다고 생각합니다. 저희도 예전에 광고를 타기팅할 때 그냥 습관처럼 연령대로 잘라서 했는데, 저희 담당자들이 하나도 포함되지 않는 거예요. 그런데 이 콘텐츠를 과연 우리 연령대는 좋아하지 않을까 생각해보니, 관심사의 문제지 연령의 문제는 아닌 것 같더라고요. 그래서 시작부터 너무 좁게 잡으면 안 된다는 생각이 들기도 합니다. 예를 들어 슈퍼콘 광고 타깃에는 물론 축구를 좋아하는 사람도 포함되겠지만 그렇다고 딱 그렇게만 잘라서 할 건 아니잖아요. 그런 것처럼 이미 타깃이 많이 쪼개져 있는데 거기서 더 쪼개려 하면 더 제한되는 것 같고, 그렇다고 너무 많이 확산시켜 나가면 미디어 비용이 한계가 있고요. 이런 딜레마가 있어서 예전보다 더 어려운 것 같아요. 제가 보기에 유튜브에서 장기간 회자되는 영상도 특정 연령대가 좋아해서 오래 가는 게 아니라, 연령대도 커뮤니티도 확산되니까 가능한 것 같거든요.

슈퍼콘은 론칭 준비를 하실 때 세그먼트나 타깃을 어떻게 정하셨어요?

기 : 슈퍼콘은 월드콘을 이기려고 나온 제품이에요. 그런데 월드콘이 남녀노소 가리지 않고 구매하는 제품이기 때문에 저희도 무조건 전 연령대에서 사랑받아야 했습니다. 그래서 타깃은 막연했습니다.

기존에는 타깃이나 세대의 구분 기준 자체가 연령이었는데, 말씀하신 것처럼 지금은 50대인데도 젊은 친구들과 잘 지내고 라이프스타일도 앞서가는 분들이 있는가 하면 이른바 '20대 꼰대'들도 있는데요. 말씀하신 것처럼 세그먼트나 그룹을 나누는 기준 자체가…

기 : 모호해진다고 생각합니다. 저는 아이스크림 담당이라 그쪽으로만 집중해서 생각할 수밖에 없는데, 아이스크림의 주요 구매층이 10~20대이기는 합니다. 그런데 구매횟수가 아니라 구매량으로 보면 40~50대도 많이 사시거든요. 10~20대는 하나씩 사고 40~50대는 집에 왕창 가져가고. 그래서 아이스크림은 연령 구분이 명확하게 되지 않는다고 생각해요. 그래서 마케팅이 점점 어려워지는 느낌입니다.

그렇죠. 아이스크림은 부모 입맛 따라 좋아하는 경우도 많다고 하고요.

기 : 아이스크림은 습관성 구매가 많아서 깨뜨리기가 쉽지 않아요. 다만 슈퍼콘은 노래가 흥행하면서 아이들이 따라 부르니 부모들이 궁금해서 사는 경우가 많다고 하더라고요. 어른들이 자율적으로 산다기보다 자녀에게서 거꾸로 올라온 거죠.

N가지 관심사, 그중 우리와 연결되는 것을 찾는다

바나나맛우유 얘기를 해볼까요. 바나나맛우유 브랜딩의 고민은 슈퍼콘과 또 다를 것 같습니다. 매우 굳건한 브랜드이고 인지도도 100%에 가까운데, 그럼에도 브랜드가 노화되지 않아야 한다는 과제가 있죠. 젊은 세대를 공략하는 활동을 몇 년 동안 꽤 잘하셨다고 생각하는데요. 바나나맛우유의 고객으로 끌고 와야 하는 젊은 세대를 내부에서 어떻게 정의하시는지 궁금합니다.

이 : 그들이 무엇을 좋아하는지는 사실 정의하기가 쉽지 않습니다. 관심사가 계속 바뀌거든요. 이 친구들이 지금 무엇에 관심이 있는지 파악하는 게 가장 중요하고, 그 관심사를 어떻게 우리 브랜드에 붙일 수 있는지가 관건인 것 같아요. 더 본질적으로 말씀드리면 결국에는 소통이죠. 제 생각에 요즘 젊은

친구들에게 가장 중요한 건 소통하고 싶은 브랜드, 궁금한 브랜드가 되는 것 같아요. 예전에는 광고를 많이 하면 소비자 눈에 들어갔지만, 요즘에는 소비자들이 선택해서 봐야지 우리가 일방적으로 얘기한다고 해서 다 받아들이지 않아요. 그래서 그들이 관심 있고 더 알고 싶고 소통하고 싶은 브랜드가 되어야 합니다. 그들이 지금 관심 있는 게 뭔지, 그들이 지금 열광하는 게 뭔지 알아내서 가급적 저희 브랜드와 가장 맞게끔 매칭하는 게 저희의 주된 업무죠.

저희도 세대를 정의하긴 하는데 그게 전부는 아니고요. 젊은 세대 중에서도 바나나맛우유의 감성을 갖고 있는 친구들이 있을 거란 말이에요. 예를 들어 마이스트로우(My straw) 프로모션 때는 덕후 문화에 착목했어요. 그 즈음 덕후가 양지로 처음 올라왔거든요. 덕후가 더 이상 숨기는 게 아니라 쿨한 것이 되었는데, 바나나맛우유도 장수 브랜드니까 덕후 코드를 충분히 갖고 갈 수 있다고 생각해서 어떻게 하면 덕후 문화를 우리 브랜드와 가장 잘 엮을 수 있을까 고민해서 나온 아이디어예요. 어떻게 보면 사실 젊은 친구들의 관심이나 트렌드는 계속 바뀌지만 그걸 캐치해서 우리 브랜드가 필요로 하는 것과 엮는 시도를 지속적으로 하는 게 중요한 것 같아요. 그렇기 때문에 그 세대를 하나의 언어로 정의하기보다 그 세대 중에서 우리 브랜

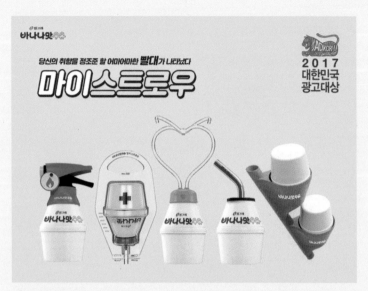

덕후 문화에 착안해 실시한 '마이스트로우' 이벤트 (출처 : 빙그레 제공)

드에 반응할 것 같은 친구들이 뭘 좋아하는지, 그걸 우리 브랜드와 어떻게 연결했을 때 가장 폭발력이 있을지를 많이 고민해야 한다고 생각합니다. Z세대나 밀레니얼이라고 하나로 규정하기에 그들은 너무 다양한 것 같아요.

이런 현상은 길거리에서도 반영되어 있어요. 저 어렸을 때는 가을이면 다 트렌치코트 입고 겨울이면 춥지 않아도 다 코트 입고 나갔는데, 요즘에는 애는 반팔 입고 쟤는 코트 입고 쟤는 카디건 입고, 누구는 긴바지 입고 누구는 핫팬츠 입고, 계절과 상관없이 자신의 니즈에 맞게 옷을 입잖아요. 패션도 자신이 표현하고 싶은 대로 드러내는 것처럼, 같은 세대에 있다고 해서 다 같은 생각, 다 같은 양상을 보이지 않는 게 요즘 젊은 친구들인 것 같습니다. 그러니 우리와 합이 잘 맞는 친구들에게 '우리 너네랑 합이 맞다'고 소통하는 게, 젊은 세대와 우리 브랜드가 잘 만나게 할 수 있는 방법이 아닐까 생각합니다.

요즘 세대들은 왜 그렇게 개성이 강할까요?

이 : 당연히 시대 변화도 있는 것 같고요. 나라마다 비교하기는 조심스럽지만, 예전에 한국이 약간 획일화된 느낌이었다면 서구사회는 좀 더 자유분방했잖아요. 우리는 옷 입는 것도 사람들 시선이 신경 쓰이고. 그런데 이제는 한국도 다양성이랄까, 개개인의 특성이 조금씩 수용되는 것 같아요.

그리고 예전에는 다른 나라 유행이 우리 사회로 넘어오는 데 오래 걸렸지만 지금은 여기에서 유행하면 저기에도 바로 퍼지는 시대이다 보니, 접하는 문화 자체가 한국의 경계를 넘어섰죠. 젊은 친구들이 기성세대의 마인드를 갖기 전에 자연스럽게 다양한 문화를 접하다 보니 '이건 꼭 이래야 해' 하는 고정관념 같은 게 없는 것 같아요. 영상만 해도 그렇죠. 예전에는 모두 같은 공중파 채널을 봤으니 당연히 저게 맞는 거라고 생각했는데 이제는 플랫폼도, 채널도 아주 다양해졌잖아요. 예전에는 나만 이걸 좋아하나 싶었던 것도 '세상에 나랑 같은 취향을 가진 애들이 어디인지는 모르겠지만 꽤 있네?' 하고 공감할 수 있으니 취향이 획일화되기보다는 자기 취향이 더 확고해지고요. 또 기업들도 경쟁이 심화되니까 자꾸 취향을 세분화하잖아요. 저희도 돈을 벌어야 하니까요. 그럴수록 소비자의 브랜드 선택권이 넓어졌고, 그만큼 자신의 취향을 추구하게 되는 것 같아요.

아이스크림의 메인 타깃이 10~20대라면, 그들의 특성이 무엇이고 슈퍼콘은 어떻게 공략하려고 하셨나요?

기 : 슈퍼콘 자체는 말씀드렸듯이 전 연령대가 소화할 수 있는 제품이어야 했어요. 광고 모델도 모두가 아는 모델을 기용했는데, 물론 세부적으로 들어가면 10~20대를 공략하긴 했습니다. 손흥민 선수의 모습도 어디서 보던 이미지가 아니라 10~20대에게 계속 회자될 수 있는 콘텐츠를 일부러 만들었거든요. 요즘 10~20대들이 본인 중심으로 표현하고 경험하고 공유하고 그럼으로써 인정받고 싶어 하니, 이 광고가 그들로부터 붐이 일었으면 좋겠다는 취지로 만들었습니다.

웃기면서 콘텐츠로서 가치 있게

회사에서 일하실 때 '요즘 세대는 참 다르네?' 하고 느낀 점이 있으신지요?

기 : 네, 있어요. 마케팅은 본인의 주관과 논리가 뚜렷해야 하는 업무이기는 합니다. 그런데 저는 어쨌든 회사원이라고 생각하는 편이거든요. 그런데 후배들은 회사원이라는 소속감보다 마케터라는 자부심이 더 큰 것 같아요. 옳고 그른 문제는 아니고요. 윗분들이 '내 생각은 이래'라고 하면 저는 '네, 알겠습니다' 하는 편인데 신입사원 분들 보면 '아니요, 그거보다 이게 더 맞다고 생각합니다' 하고 자신감 있게 이야기를 잘하더라고요. 그런 걸 보면서 업무를 바라보는 시각 자체가 다르다는 걸 느끼죠. 자기가 하고 싶은 일이 어떻게 반영되는지가 더 우선인 것 같아요. 생각도 그렇고 표현도 확실하고요.

이 : 네, 자기 생각을 표현하는 데 굉장히 솔직하다고 느껴요. 워라밸도 훨씬 잘 지키고요. 공과 사의 개념도 뚜렷하고, 업무 시간에는 굉장히 프로페셔널하게 집중하고 업무 외 시간에는 또 프로페셔널하게 놀고, 이런 것들이 훨씬 자연스럽게 되는 세대랄까요. 저희 때는 워라밸을 하려고 제도를 만들어야 했는데 지금 친구들은 그게 자연스럽게 되는 거죠. 저희는 주52시

빙그레가 운영하는 제주 옐로우카페 (출처 : 빙그레 제공)

간제를 적용한 지 2년 정도 됐어요. 저는 제도 전후를 다 경험했잖아요. 그런데 입사했을 때부터 주52시간으로 일했던 친구들은 확실히 다른 것 같아요. 저희는 연차를 써도 습관적으로 상사에게 보고하는데 이 친구들은 자기가 일하는 시간 내에서 조율하는 것이니, 이런 사안에 대해 훨씬 자유로운 것 같습니다. 그런 문화가 자신의 의견을 자유롭게 말하는 태도와도 연결되는 것 같아요.

흔히 요즘 젊은 세대는 페이스북을 안 쓴다더라, 틱톡을 많이 하더라, 이런 말이 나오는데요. 브랜드 매니저 일에서 접하신 흥미로운 현상이 있나요? 10대들에게 특화된 게 있다면 소개해주세요.

이 : 저도 틱톡이 유행한다고 해서 봤는데 10대의 감성으로 10대가 반응할 만한 틱톡 콘텐츠를 만드는 건 정말 어렵더라고요. 어찌 보면 밀레니얼과 Z세대는 전혀 다른 개념이고, Z세대를 밀레니얼 세대의 연장이라고 이해하면 안 될 것 같아요. 기성세대 중에는 틱톡을 아예 모르는 사람들도 많잖아요. 전혀 다른 세계가 펼쳐지고 있는데 내 눈에 안 보이니까 인지하지도 못하는 거죠. 예전에는 눈에 보였기 때문에 내가 소외되는지 아닌지 느낄 수 있었는데 지금은 소외되는지조차 모른다는 것이 예전과 다른 점 같습니다.

그럼에도 빙그레 브랜드들은 꽤 잘하고 계시잖아요. 바나나맛우유나 슈퍼콘이 잘된 이유가 여러 가지 있겠지만, 10~20대 대상의 커뮤니케이션 전략이 그들이 원하는 것을 제대로 건드려줬기 때문 아닐까요?

기 : 저는 빙그레 제품 속성 자체가 행복해서라고 생각해요. 저희 아이스크림도 그렇고 바나나맛우유도 그렇고 요플레도 그렇고, 먹으면 다 행복해지는 제품들이잖아요. 그래서 제품

속성의 힘이 크다고 생각하고, 그걸 잘 녹여내는 광고가 나왔기 때문에 소비자들에게 행복이 잘 전달되지 않았나 생각합니다.

이 : 저도 기호진 대리 의견에 동의해요. 앞에서 '행복'이라는 표현을 썼는데 이걸 요즘 트렌드에 맞춰보면 '즐거움(fun)'이라고 표현할 수 있을 것 같아요. '빙그레'라는 저희 사명도 그렇고 저희 제품군도 그렇고 되게 쉬워요. 편안한 느낌이 있죠. 사실 요즘은 있는 척하는 브랜드가 많잖아요. 브랜딩을 하다 보면 브랜드에 힘을 주게 되고 더 어렵게 풀기도 하는데, 빙그레 브랜드들은 사명과 제품 이미지 등에서 왠지 모르는 친숙함이 있고, 다가가기 쉬운 이미지예요. 소비자들에게 위화감 없이 쉽고 친근하게 다가가고, 생각할 게 많은 시대인데 별생각 없이 그냥 보고 즐기고 가볍게 사용할 수 있다는 데에서 요즘 트렌드와 맞는 부분도 있어요.

그런데 웃기게 만든다고 해도 실제 그렇지 않은 경우도 있고, 만드는 사람끼리만 재미있는 경우도 많잖아요. 광고 타깃도 봐야 하고 브랜드 속성도 넣어야 하고 고민할 것들이 많은데, 웃긴 광고를 만들기 위해 어떻게 기획하세요?

이 : 요즘 유행하는 것, 말 그대로 '요즘 공식' 같은 건 에이전

디지털 시대와 노는 법

시가 더 잘하죠. 하지만 우리다운 건 담당자가 더 잘 안다고 생각해요. 우리 브랜드를 좋아하는 사람이 뭘 좋아하는지도 브랜드 담당자가 잘 알죠.

그렇기 때문에 에이전시가 갖고 오는 트렌드 등을 어떻게 우리 브랜드에 가장 잘 녹여낼지에 대한 고민을 해야죠. 이 균형을 맞추는 것이 핵심이에요. 브랜드가 없는 재미는 그냥 웃기기만 한 소재가 될 가능성이 높고, 그렇다고 또 너무 브랜드의 목소리만 많이 내면 재미없는 콘텐츠가 되니까요. 저희 브랜드로서 웃겨야 하니까 코드에 저희 브랜드를 자꾸 입혀야 합니다. 결국 지금 소비자가 원하는 것에 우리 브랜드를 잘 녹여내는 것, 트렌드와 브랜드 둘 다 가져가야죠. 별개라고 생각하지 않고요.

어찌 보면 슈퍼콘의 손흥민 선수나 바나나맛우유의 백종원 대표 모두 빅모델이니 굳이 나누면 과거 방식이잖아요. 요즘에는 1인 크리에이터들도 많고, 기업도 비용이나 제약조건이 덜해서 좋고, 젊은 세대도 좋아한다고 하는데 빅모델 전략을 쓴 이유가 있으신가요?

이 : 저희도 백종원 대표님을 모델로 쓸 때 크리에이터도 10명 썼어요. 빅모델과 크리에이터의 관계는 어찌 보면 ATL(above the line) 전략과 BTL(below the line) 전략의 관

계와 비슷한 것 같아요. 아무리 BTL을 크게 해도 ATL에 비해 파급력은 좀 한정적이죠.

그런데도 크리에이터들을 쓴 건 보완 차원이에요. 유튜브에서는 자기 관심사를 중심으로 영상을 소개하는데, 우리가 아무리 빅모델을 쓴다 해도 한계가 있을 것이라 생각해서 보완 차원으로 저마다 관심사가 다양한 크리에이터들과 함께 각자에게 맞는 영상을 만들었어요. 일부러 크리에이터들의 분야도 다 다르게 해서 패션에 관심 있는 사람은 패션 영상을 보고 들어오고 먹방에 관심 있는 사람들은 먹방 크리에이터를 통해 들어오고. 크리에이터를 매개로 다양한 사람들이 저희 채널에 유입된다는 가설로 실험한 거죠.

한편으로 크리에이터의 인지도는 준연예인 수준으로 올라오긴 했는데, 이들의 광고 효과에 대해서는 아직 명확히 규정된 게 없어요. 어느 크리에이터는 광고 영상일 때 조회수가 더 올라요. 우리 크리에이터에게 드디어 광고가 들어왔다고 팬들이 좋아하는 거죠. 그런데 어느 크리에이터는 광고가 붙으면 조회수가 뚝 떨어져요. 채널마다 특징이 많이 다른 거죠. 연예인은 광고모델인 걸 명확하게 인지하고 들어가지만 크리에이터가 하는 영상은 아직 소비자들에게 광고인지 아닌지 명확하지 않은 것 같아요. 양날의 검이죠. 광고라고 인식해서 오히려 좋은 채널이 있는가 하면 어느 채널은 광고라고 인지하지 못해야 더 좋고. 아직까지는 표준화되지 않고 채널별, 개인별, 소재별로 편차가 크고 획일화된 게 없달까요. 기업 입장에서는 크리에이터들만 갖고 커뮤니케이션하기에는 아직 ROI나 리스크 면에서 제약이 있는 게 사실이에요. 보완책으로 쓸 수는 있지만 메인으로 하기에는 아직 충분히 커버되지 않는 것 같습니다.

적응과 정체성 사이

요즘 '이 브랜드 잘한다' 하고 눈여겨보는 회사나 브랜드가 있나요?

기 : 요즘은 다들 뛰어나게 잘하셔서… 유튜브 크리에이터들도 하나의 브랜드라는 생각이 듭니다. 저는 유튜브에 들어가면 인기순위를 보는데 '와, 여기 올라간다는 것 자체가 대단한 브랜딩을 하는 사람들이다'는 생각이 들더라고요. 같은 콘텐츠인데도 이 사람들은 인기순위에 포함되니까, 마케팅도 잘하겠다는 생각이 들어요. 요즘에는 장성규의 '워크맨'을 많이 봅니다. 물론 장성규 씨의 입담과 재치도 있지만 편집의 힘이 엄청나

요. 짧은 시간 안에 숨 고를 틈 없이 넘어가는 편집을 보면 영상은 이렇게 만들어야겠다는 생각이 듭니다.

새로운 매체의 등장이나 세대의 등장 모두 변화인데, 마케터나 브랜드 매니저들이야말로 그런 변화에 가장 민감해야 하는 사람들이잖아요. 이를 위해 평소에 어떤 노력을 하시나요?

기 : 저는 온라인에서 슈퍼콘에 대한 소비자 반응을 계속 트래킹합니다. 그중에서 괜찮은 콘텐츠에 대해서는 그 소비자에게 보상을 해주려고 하고요. 그래야 또 2차, 3차 입소문이 나고 다른 사람들도 '나도 한번 올려볼까' 하면서 확산되지 않을까 해서요. 또 하나는 디지털이 기반이 된 사회이지만 저는 개인적으로 아날로그의 감성을 놓치지 않으려고 노력하는 편입니다. 예를 들어 요즘 무선 이어폰이 유행하지만, 아직 선이 주는 감성을 잃지 않으려고 하는 저만의 고집이 있습니다. 그 안에서도 충분히 뭔가 얻을 수 있다고 생각하거든요. 레트로, 뉴트로 트렌드도 마찬가지고요.

이 : 저는 웹툰과 웹드라마를 많이 봐요. 10대를 만나게 될 기회가 있으면 꼭 물어봐요. 요즘 자주 보는 웹툰이 뭔지, 요즘 유행하는 웹드가 뭔지. 웹드라마나 웹툰만큼 그 세대의 감성을 잘 보여주는 게 없다고 생각하거든요. 〈에이틴〉이나 〈연플

리(연애플레이리스트)〉 이런 것들을 재미있게 보다 보면 외려 세대가 다르다고 감성도 완전히 다른 건 아니구나 하고 느끼게 돼요.

소비자와 소통하려고 트렌드라든가 고객의 관심을 파악하기 위해 꾸준히 노력하시는데, 한편으로는 나의 장점, 나의 색깔을 명확하게 밝히는 제품을 만들어야 한다고 하잖아요. 어느 쪽에 더 방점을 찍으시나요?

기 : 사람마다 생각이 다를 수 있겠지만, 저는 큰 틀 안에서 벗어나지 않는다면 소비자나 영업부서의 의견을 가급적 존중하려고 해요. 슈퍼콘 광고 컨셉도 그런 경우인데, 처음에 노래와 춤을 한다고 했을 때 저는 반대했거든요. 가벼운 스타일을 좋아하지도 않고요. 그런데 내부 직원 조사를 해보니 이게 압도적으로 나온 거예요. 그래서 '아, 내 생각이 잘못됐구나' 했죠. 저는 어쨌든 포용하고 니즈를 많이 반영하려고 노력하는 편입니다. 물론 슈퍼콘이 가지고 있는 정체성을 해치지 않는 선에서요.

이 : 저는 정체성을 유지하는 게 더 중요하다고 생각합니다. 고객의 니즈를 반영하는 건 필요조건이지 충분조건은 아닌 것 같아요. 자기정체성이 없는 건 흔히 매력이 없다고 하죠. 그래

서 둘 중에 굳이 우선순위를 가리자면 저는 브랜드 정체성이라고 봅니다. 고객의 니즈를 반영하는 것도 사실 자기정체성을 기준으로 삼아서 기준점에 맞게 수정해가는 것이죠. 내 정체성을 바꿔가면서 고객의 니즈를 따르는 게 아니라 내 정체성이 있는 상태에서 시대에 맞춰 고객의 니즈에 맞게 조금씩 변화시켜가는 것이지, 고객 니즈가 브랜드 정체성을 엎을 수는 없다는 생각을 해요.

어떻게 보면 맡고 계신 브랜드의 전통이나 위상이 너무 다르다 보니 나오는 의견차이인 것 같습니다. 시장 1위 브랜드인 바나나맛우유는 브랜드 정체성을 강조할 수 있는 반면, 신생 브랜드인 슈퍼콘은 일단 브랜드를 알려야 하는 입장이니까요.

기 : 맞습니다. 슈퍼콘 자체가 사람들이 매대에 있을 때 자동차 고르듯이 고민하면서 사는 제품은 아니지 않습니까? 그래서 저는 많은 색깔을 담으려고 노력하는 것이죠.

사실 5년 후, 10년 후 고객이 어떻게 바뀔지, 회사라는 조직이나 우리가 일하는 방식이 어떻게 바뀔지 아무도 모르죠. 하지만 그럼에도 브랜드 매니저로서 고객이 원하는 제품을 잘 팔기 위해 꼭 유지해야 하는 것이 있다면 무엇일까요?

이 : 아까 행복에 대해서도 얘기했지만 저희 미션이 '건강과 행복을 함께 나누는 밝은 미소의 메신저'예요. 빙그레라는 회사가 갖고 있는 즐거움이라는 게 분명히 있는 것 같아요. 저희가 다 다른 브랜드를 하고 있지만 크게 '즐거움'이라는 공통분모가 있고요.

그래서 앞으로 나올 제품에서도 즐거움은 저희가 지키고 싶은 원칙입니다. 때에 따라 즐거움이 펀(fun)으로 풀릴 수도 있고 행복으로 풀릴 수도 있겠지만요. 아무리 트렌드가 빨리 변한다 해도 즐거움은 변하지 않는 가치이기 때문에 빙그레 안에서는 지켜야 할 부분이 아닐까 싶습니다.

마지막 질문입니다. 이제는 디지털이 굳이 일컫지 않아도 될 만큼 일상이 되었는데요. 브랜드 매니저로서 디지털 시대에 잘 적응할 수 있는 노하우랄까, 팁을 알려주시면 좋겠습니다.

기 : 아까 아날로그 감성을 얘기했는데, 디지털 시대도 결국 사람이 만들어간다고 생각하거든요. 회사생활도 그렇고요. 그래서 사람과 사람 사이의 관계에 집중하면 좋겠습니다. 그래야 좋은 제품, 좋은 마케팅을 할 수 있다고 생각하고요. 외부고객을 만족시키려면 그 전에 내부고객을 먼저 만족시켜야 한다고

생각하거든요. 어떻게 보면 디지털 세대와 반대되는 느낌인가요?

그래서 의미가 있기도 하고요. 과장님은 어떠신가요?

이 : 저는 호기심, 관심이 중요하다고 생각합니다. 마케팅을 하다 보면 자기 쪽 부분만 신경 쓸 때가 있어요. 하지만 어찌 보면 온갖 것이 다 마케팅이거든요. 쇼윈도도 마케팅이고 거리에 있는 간판 하나도 마케팅이고, 마케팅 요소가 세상에 많이 있는데 그것을 그냥 바라보는 것과 한 번 더 생각하고 바라보는 건 분명 차이가 있어요.

그래서 저는 시뮬레이션을 습관적으로 많이 하는 편이에요. 케이스스터디를 하면 '내가 저 자리에 있었으면 나도 저렇게 했을까?' 혹은 '저 사람은 저렇게 생각했네?' 하는 거죠. 매대에 있는 제품을 볼 때도 그렇고요. 마케터가 보는 트렌드는 사실 다 똑같잖아요. 같은 트렌드를 다른 마케터들은 어떻게 풀어냈는지 보면서 배울 점도 찾고 부족한 점도 찾고, 그걸 내 업무에 적용해보기도 하면서 시야도 넓어지는 거죠. 모든 마케터들을 직접 만나볼 수는 없겠지만 어떤 결과물을 보고 그것에 대해 시뮬레이션을 하면 담당자의 고민이 보이고, 평소 눈여겨보던 브랜드가 잘되고 못되고에 따라서도 그때그때 색다른 케이스스터디가 되기도 하니까요. 그래서 식품이나 특정 마케팅에 국한하지 말고 여러 가지를 많이 관찰하는 편이 좋다고 생각합니다.

2장

DIGITAL AGE

디지털 세대는
무엇을 입고
먹고 즐기는가

디지털 네이티브의 등장

일반적으로 언론에서 '디지털 네이티브'라 일컫는 세대는 대체로 1980년대 이후에 태어난 이들을 가리킨다. 이렇게 불리는 이유는 이들이 태어날 때부터 디지털이 연결된 기기들에 둘러싸여 성장했기 때문이다. 요즘 아이들 눈앞에는 으레 엄마아빠가 놓아둔 네모난 물건이 있기 마련이다. 어느 순간 그 물건을 손으로 만지고 조작도 할 줄 알게 된다. 그 물건이 스티브 잡스라는 위대한 기업가가 만든 아이패드라는 사실은 자라면서 뒤늦게 알게 될 것이다. 이처럼 디지털 네이티브는 태어난 순간부터 디지털 기기를 접하고 이를 통해 타인들과 소통하고 그

"저희한테 디지털은 저희는 가만히 있는데 저쪽에서 오는 느낌이고, 저희보다 세대가 좀 높으신 분들은 찾는 느낌인 것 같아요. 그래서 저희는 자연스럽게 받아들이는 거고 그분들은 공부하는 거고, 여기에 차이가 있는 것 같아요." (대학생 인터뷰)

안에서 문화를 형성해가는 데 지극히 익숙한 세대라 하겠다.

디지털 네이티브가 디지털 원주민이라면, 이와 대비돼 흔히 사용되는 용어가 '디지털 이주민(digital immigrants)'이다. 1980년대 이전에 태어난 이들로, 아날로그 기기에 둘러싸여 성장한 다음 뒤늦게 디지털 기기를 접한 세대를 가리킨다. 어린 시절 온가족이 TV 앞에 둘러앉아 시간을 보내고 스마트폰이 아니라 거실이나 안방에 놓인 유선전화를 사용하며 자란 이들은 아날로그적 라이프스타일이 삶의 기본값이다. 디지털 세대는 디지털로 연결된 세상을 자연스럽게 받아들이고 디지털 문법으로 소통하며 살아왔지만, 디지털 이주민은 어느 정도 성장해 본인의 정체성이 확립된 이후에 마치 외국어 배우듯 디지털을 학습했기에 완벽히 이해하는 데 한계가 있다.

단순히 나이를 가지고 디지털 세대 여부를 판별하는 것은 기계적인 발상이지만, 여전히 많은 학자와 관련 전문가들은 몇 세부터 디지털을 사용하기 시작했느냐를 중요한 기준으로 삼는 것도 사실이다. 인간의 뇌에서 감정조절 및 의사결정에 중요한 역할을 하는 전두엽은 아동기 및 청소년기에 급격히 발달한다. 이 시기에 디지털을 자연스럽게 체득해 몸과 뇌에 익혀가며 살아온 세대와 그렇지 않은 세대는 디지털 학습역량이 다를 수밖에 없다. 이 책에서 다루는 디지털 세대 또한 특정 연령대를 가리키는 것은 아니지만, 디지털이 우리 삶에 본격적으로 자리잡기 시작한 시기에 어린 시절을 보내 이러한 문화에 익숙한 밀레니얼 세대와 Z세대를 중심으로 논의하게 될 것이다.

그렇다면 밀레니얼 이전 세대는 디지털 수용력이 낮으므로 디지털 시대를 완벽히 이해하는 것은 불가능하다는 말인가? 그렇지는 않다. 관건은 태어난 시기가 아니라 '디지털 나이'를 젊게 유지하는가 여부다. 앞으로 비즈니스 전반에 큰 영향을 미칠 디지털 세대의 DNA를 얼마나 빠르게 수용하느냐에 따라 개인과 기업이 디지털 전환시대에 살아남을 수 있는지가 결정될 것이다. 그리고 그 수용능력이 생물학적 나이와는 상관없는 디지털 나이를 결정할 것이다. 당신이 20대이건 30대이건 40대이건, 아니 그 이상이건 상관없다. 염색체 끝에 붙어 인간의 수명을 결정한다는 '텔로미어(telomere)'처럼, 디지털 세대의 DNA를 많이 갖고 있다면 디지털 시대에도 도태되지 않을 수

있다. 당신이 어느 세대든 어떤 일을 하든, 디지털 세대의 두 축
인 밀레니얼 세대와 Z세대의 특성을 이해해야 하는 이유다. 이
제부터 하나씩 살펴보자.

디지털 시대와 노는 법

찍어 올린다, 고로 존재한다

'생각한다, 고로 (나는) 존재한다(Cogito ergo sum)'라는 데카르트의 유명한 말은 디지털 시대에 '(SNS에) 찍어 올린다, 고로 (나는) 존재한다'로 바꿔야 할지 모르겠다. SNS에 올릴 만한 가치가 있는 브랜드만이 살아남는 시대다. 이를 입증하듯 '인스타워시(Insta-worthy)'라는 말도 생겨났다. 인스타그램(Instagram)과 '~할 자격이 있는'이란 뜻의 'worthy'가 결합된 신조어다.

비슷한 맥락으로 '인스타그래머블(Instagramable)'이라는 신조어도 있다. '인스타그램에 올릴 만한'이라는 뜻이다. 인터넷에 가보면 '여기서 사진 찍어 올리면 인싸가 될 수 있다'는 정보글이 한가득이다. 이제 개인이든 기업이든, 살아남기 위해서는 자신이 판매하는 제품과 서비스에 인스타그래머블한 속성을 집어넣어야 한다.

인스타그래머블이 디지털 네이티브라 불리는 10~20대 젊은 층의 새로운 소비기준이 되면서 F&B는 물론이고 여행과 쇼핑 등 다양한 업계에서 가장 중요한 화두로 떠오르고 있다. 최근 카페와 음식점 인테리어가 예뻐지고 제품 진열과 포장에 세심하게 신경 쓰는 이유가 다 이 때문이다. 과거에는 맛있는 음식을 제공하는 것이 가장 중요했다면 이제는 맛은 기본이고 눈을 즐겁게 하는지, 나아가 인스타그래머블한 속성을 얼마나 가지고 있는지가 성공의 중요한 포인트가 되었다. 식당의 인기는 그 식당에 관한 해시태그(#)가 인스타그램에 얼마나 많이 올라 있는지로 판가름 난다 해도 과언이 아니다. 특히 10~20대 젊은 소비자들이 방문한 장소에서 만들어내는 다양한 UGC가 입소문에 큰 효과를 내면서 음식 자체가 가진 인스타그래머블한 속성에 주목하는 기업들도 늘어나고 있다.

음식은 알록달록 예쁜 사진이 나오기 좋지만, 우리 제품이나 서비스는 그렇지 않다면 어떻게 해야 할까? 아니, 태생적으로 사진 찍히는 것 자체가 어려운 업종이라면? 예컨대 영화관은 인스타그래머블 시대에 어떻게 적응해야 할까?

CGV '씨네&리빙룸'에서 힌트를 찾아보자. 상영관 외부는 사진을 찍을 수 있지만, 반드시 어두워야 하는 상영관 내부는 인스타그래머블한 장소가 되기 어렵다. 그러나 씨네&리빙룸은 '어두운 상영관'에 대한 고정관념을 탈피함으로써 찍을 수 있는 장소로 거듭났다.

상영관 문은 집의 대문을 형상화해서 만들었다. 극장에 들어가는 게 아니라 아름답고 세련된 누군가의 집 거실에 들어가는 느낌을 주기 위해서다. 극장 문을 열면 코랄핑크빛의 감각적인 타일 바닥이 입장객을 맞이하고, 곳곳에 오감을 자극하는 세련된 인테리어 소품과 향기 좋은 꽃과 식물이 놓여 있다. 여기에 어느 정도 조명이 있어도 집중력을 방해받지 않는 LED 스크린 덕분에 어두운 극장 내부가 휴대폰을 꺼내 사진 찍고 싶어지는 멋진 공간으로 탈바꿈하는 데 성공했다.

인스타그래머블한 음식이 더 맛있다

Z세대와 밀레니얼 세대의 가장 큰 특징은 소셜미디어를 통한 연결성이 매우 강하다는 것이다. 그들은 좋은 장소를 가거

나 좋은 음식을 맛보면 어김없이 사진을 찍거나 동영상을 촬영해 SNS에 올려서 인증하곤 한다. 맛있는 음식을 먹는 것만큼, 음식을 먹는 행위가 SNS 상에서 얼마나 많은 '좋아요(like)'를 받는지도 중요하다.

그렇다면 정말 이들은 음식의 맛만큼이나 음식 사진의 반응을 중요하게 생각할까? 이와 관련한 연구가 최근 활발하게 이루어지고 있다. 홍콩 시티 대학 교수진과 미국 산타클라라 대학의 공동연구진은 소비자들이 자신이 먹는 음식을 찍어 올리는 행위가 실제 음식을 먹는 경험에 어떠한 영향을 주는지 살펴보는 실험 연구를 진행했다.

디지털을 활발하게 사용하는 밀레니얼 세대 146명이 실험자로 선택되었다. 식당의 유명세가 미치는 영향을 최소화하기 위해 이제 막 오픈한 요거트 디저트 가게에서 실험이 진행되었다. 소셜미디어에 음식 사진을 올리는 조건에 배정된 실험 참가자들은 디저트 사진을 찍어서 자신의 SNS에 올린 다음 음식을 먹었다. 주문한 메뉴를 다 먹고 난 후에는 먹는 행위 자체가 얼마나 좋았는지 다이닝 경험(dining experience)에 대한 질문을 비롯해 그 가게에 다시 방문할 의향이나 지인에게 추천할 의사가 있는지 등 매장에 대한 느낌을 묻는 질문을 받았다.

대조실험군은 디저트를 먹기 전에 음식 사진 대신 미리 나눠

기존의 어두운 상영관에서 찍어 올리고 싶은 콘텐츠로 탈바꿈한 CGV '씨네&리빙룸' (출처 : CGV 홈페이지)

준 펜을 찍어서 SNS에 올리도록 했다. 그다음 동일하게 디저트를 먹고 다이닝 경험과 해당 매장에 대한 질문에 답했다. 그 결과 음식 사진을 SNS에 올린 실험 참가자들이 다이닝 경험을 더 높이 평가했고 해당 매장에 대해서도 더 호의적인 태도를 보이는 것으로 나타났다. '보기에 좋은 떡이 먹기도 좋다'는 말을 넘어 '인스타그래머블한 음식이 더 맛있게 느껴질 수 있다'는 것을 실증적으로 입증한 것이다.

연구자들은 이 결과를 여러 형태의 사물을 통해 자신을 나타내려고 하는 인간의 자기표현(self-expression) 욕구로 설명했다. 인간에게는 자신의 정체성을 표현하고자 하는 무의식적인 욕구가 존재한다. 구매한 자동차를 통해, 먹고 있는 음식을 통해 '나'를 타인에게 알리고자 하는 욕구 말이다. Z세대와 밀레니얼 세대는 이 욕구를 디지털 세상에서의 행위를 통해 실현하려 한다. 자신의 정체성을 축적해가는 SNS에 눈앞의 음식을 찍어서 올리는 것은 디지털 세대가 자기표현 욕구를 가장 손쉽게 실현하는 방식이다.

디지털 세대는 어릴 적부터 디지털을 통해 얼굴 모르는 수많은 이들과 연결된 채 성장해왔다. 어쩌면 평생 못 만날 가능성이 높은 타인들이지만, 그들에게 인증받을 만한 스토리를 SNS에 올리는 일 또한 자신의 정체성을 쌓아가는 과정이 될 수 있다. 이런 특성을 이해하지 못한 채 '좋은 제품이면 잘 팔릴 것'이라며 뚝심 있게 밀어붙이기만 했다가는 자칫 디지털 세대에게 외면당할지 모른다.

앞의 실험은 젊은 디지털 세대를 타깃으로 하려면 품질을 높이는 것도 중요하지만 동시에 제품에 인스타그래머블한 속성을 불어넣는 것이 중요하다는 점을 일깨운다. 음식이 사진으로 찍혀서 소비자들의 SNS에 올라가도록 해야 한다는 것이다. 2016년 7월 한국에 상륙한 쉐이크쉑 버거 매장 앞에 수백 명의 젊은이들이 몇 시간씩 줄 서서 기다렸던 것도 버거가 맛있기 때문만이 아니라 해당 버거가 찍어 올릴 만한 가치 있는 속성을 가졌기 때문이었다.

2019년도 다르지 않았다. 해외에서 엄청난 팬덤을 보유한 블루보틀이 성수역 인근에 국내 1호점을 오픈한 5월 3일, 수백 명의 인파가 전날 밤부터 줄을 선 것도 단순히 커피 맛을 보기 위해서가 아니라 한 장의 인스타그래머블한 사진을 찍기 위해서라는 이유도 중요하게 작용했다. 디지털 세대는 어쩌면 음식의 맛을 자신의 미각을 통해서가 아니라 그들이 올린 음식사진에 붙은 '좋아요' 개수로 판단하는지도 모른다.

가족과는 카카오톡
친구와는 페메

　게임 모빌리티 콘텐츠 등 다양한 사업을 벌이고 있는 카카오의 핵심 플랫폼은 모바일 메신저 카카오톡이다. 이동통신사가 건당 이용료를 부과하던 SMS 시대에 무료 메신저라는 포맷을 국내에 가장 먼저 들여와 성공을 거뒀다.

　한국에서 가장 강력한 이 플랫폼을 가진 카카오에도 고민이 있을까? 그렇다고 한다. 카카오톡이 최근 위기를 맞고 있다는 이야기가 돌고 있다. 진원지는 10~20대다. 그들 사이에 카카오톡 이탈 조짐이 조금씩 보인다는 것이다. 2018년 트래픽 측정회사인 닐슨코리안클릭은 13~24세 사이의 핵심 디지털 네이티브 층에서 카카오톡 월간 순이용자 숫자가 갈수록 줄어들고 있다고 발표했다.

구글이나 네이버에 '카카오톡 광고' 키워드를 입력하면 '카카오톡 광고 제거 방법', '카톡 짜증나는 광고 제거' 방법을 묻는 글이 주르륵 검색된다. 특히 기업이 일방적으로 푸시하는 형태의 커뮤니케이션에 가장 크게 반발하는 세대가 바로 10대, 20대. 이들은 카카오톡 '플러스 친구'에서 끊임없이 보내는 푸시 광고가 너무 짜증난다. 그뿐인가, 별로 필요도 없는 '음식 배달 주문하기', '장보기' 같은 추가기능도 그리 매력적이지 않다. 이 와중에 카카오는 대화창 광고인 '비즈보드'까지 야심차게 론칭했다. 이제는 대화 목록창만 열어도 특정 기업의 배너 광고를 봐야 한다.

이미 잡은 물고기인 기성세대 사용자들은 이런 추가기능에 큰 불편함을 느끼지 않을지도 모른다. 하지만 다른 형태의 메신저에도 두루 열려 있는 디지털 세대는 카카오톡의 이런 행보가 눈에 거슬린다.

무료 서비스인 카카오톡에 들어가는 비용이 엄청나기에 카카오 입장에서는 수익 모델을 심는 작업을 반드시 해야 한다. 동시에 카카오가 앞으로 계속 성장하려면 현재의 핵심 사용자인 30~40대가 아니라 미래의 핵심 사용자인 10~20대가 이탈

하지 않도록 방어해야 한다. 디지털 세대의 사용자 경험을 해치지 않는 수준에서 메신저 사업을 키워내야 하는 어려운 과제가 주어진 것이다.

이미 이탈의 움직임은 조금씩 나타나고 있다.

"카카오톡요? 요즘은 저희끼리 '페메' 써요." 10대들의 입에서 나온 말이다. 요즘 초·중·고등학교 학생들에게 물어보면 부모님이나 선생님이 포함된 단톡방은 카카오톡을 쓰지만 진짜 친한 친구끼리는 페이스북 메신저를 주로 사용한다는 이야기를 많이 한다. 기성세대인 어른들이 포함되어 있는 공식적인 대화에는 카카오톡을 사용하지만 '반모(반말모드)'할 정도로 친하거나 권위를 배척하는 사이에서는 주로 페메를 쓴다.

10대들이 페이스북 메신저를 주로 사용하는 이유는 많다. 우선 원하지 않는 광고 메시지가 날아오지도 않고 즉시 대화가 가능한 친구들의 리스트가 그때그때 활성화되는 등 불필요한 부가기능 없이 메신저 본연의 대화기능에 충실한 것이 10대에게 어필하는 포인트다. 물론 휴대전화번호 없이 메신저 계정을 만들 수 있고, 다양한 무료 이모티콘과 GIF 이미지를 제공한다는 장점도 빼놓을 수 없다.

'화무십일홍 권불십년(花無十日紅 權不十年)'이란 말이 있다. 영원히 지속되는 성공은 없다는 것이다. 한때 할아버지 할머니

> "애들이랑 연락하려면 페메를 해야 해요. 카톡 안 해요. 페메
> 에는 '활동 중' 메시지가 떠서 지금 접속해 있나 보고 연락하
> 는 거죠. 인스타 메시지는 알림이 바로바로 안 뜨고 팔로우한
> 사람이 아니면 차단되는 경우가 있어서 안 볼 때가 많죠. 물론
> 단체로 연락할 때는 카톡이 더 편하죠." (고등학생 인터뷰)
> "핸드폰으로는 유튜브, 페메, 카톡 사용해요. 페메는 친구들이
> 랑 이야기 나눌 때, 카톡은 가족들이랑 연락할 때 주로 써요."
> (중학생 인터뷰)
> "핸드폰을 켜면 위트를 가장 먼저 봐요. 그다음에 페이스북과
> 채티를 해요. 그리고 나서 유튜브, V라이브, 웹툰 등을 챙겨 봐
> 요." (초등학생 인터뷰)

까지 사용했던 싸이월드도 페이스북에 그 자리를 내놓으며 역
사의 뒤안길로 사라졌다. 그런 페이스북 또한 정보전달 위주의
텍스트에 싫증을 느끼는 추세를 극복하지 못하고 예쁜 사진을
간편하게 올릴 수 있는 인스타그램에 입지를 위협받고 있다.
카카오톡도 마찬가지다. 여전히 전 국민이 가장 많이 사용하는
메신저이지만 카카오톡을 바라보는 디지털 세대의 시선은 그
리 곱지 않다.

　변화하는 10~20대 소비자들에게 '인싸 플랫폼'으로 다가가

려면 그들이 좋아하는 방식으로 소통해야 한다. 10~20대 소비자들은 기업이 일방적으로 제공하는 메시지를 좋아하지 않는다. 그들은 자신의 취향을 잘 반영해주는 개인화된 메시지를 좋아하며, 자신이 좋아하는 방식으로 직접 콘텐츠를 만들 수 있게 해주는 플랫폼을 선호한다. 앞으로 주요 소비계층으로 성장할 10~20대의 마음을 사로잡고 싶다면 새겨들어야 할 사실이다.

위트와 틱톡은 어떻게 10대 인싸 플랫폼이 되었는가

"요즘은 인스타그램도 지루해요. 친구들끼리는 주로 위트(wit)해요."

초등학생들 입에서 자주 나오는 말이다. 기성세대에게는 이름도 생소한 서비스일지 몰라도 위트는 최근 초·중학생들에게 가장 핫한 앱이다. 위트 앱은 아이돌에 관심이 많은 10대 사용자층을 정교하게 타기팅해서 만들어졌다.

이곳에서 사용자들은 자신이 좋아하는 아이돌 스타의 사진과 동영상을 공유하곤 하는데, 그중에서도 다른 소셜미디어 플랫폼과 가장 차별화되는 점은 팬픽(fan fiction, 팬이 만든 2차

'위트'로 팬픽을 쓰면 아이돌 스타와 실제 대화하는 듯한 느낌을 얻을 수 있다. (출처 : 위트 소개화면)

창작물 중 주로 소설을 가리킨다)이 활발하게 올라온다는 점이다. 더 흥미로운 점은 팬픽의 형식이다. 소설인데 남녀 주인공이 메신저 대화창에서 이야기를 주고받는 형태로 글이 올라온다. 카카오톡 창처럼 보이는 화면을 손가락으로 툭툭 누를 때마다 메신저 창에서 대화를 주고받는 것처럼 이야기가 진행된다. 예를 들어 자신이 좋아하는 방탄소년단 멤버를 남자 주인공으로 해서 자신과 '썸 타는' 상황을 설정해 대화형으로 소설을 쓰고, 이 글을 좋아하는 사람들이 서로 이야기를 나누는 것이다. 긴 텍스트 형태의 글을 좋아하지 않는 10대의 특성을 고려하고, 동시에 좋아하는 아이돌과 실제 대화를 나누는 듯한 대리만족 효과도 주는 장치다.

위트와 더불어 10대들의 인싸 플랫폼으로 등장한 것이 틱톡(Tik Tok)이다. 위트가 소셜 기반의 대화형 앱이라면 틱톡은 소셜 기반의 동영상 중심 앱이다. 말 그대로 누구나 손쉽게 동영상을 찍어서 올릴 수 있도록 해준 것이 틱톡 서비스의 핵심이다. 별도의 복잡한 편집 프로그램을 이용할 필요도 없다. 영상속도 조절, 배경음악 삽입 등을 터치 한두 번만으로 손쉽게 할 수 있다. 영상을 한층 멋지게 해주는 특수효과 역시 어렵지 않다. 강아지나 고양이 얼굴로 꾸밀 수도 있고, 취향에 맞게 머리 스타일을 바꿀 수도 있다.

물론 편집을 간소화한 서비스는 틱톡 말고도 많다. 틱톡의 가장 큰 차별화 포인트는 손쉬운 편집이 아니라 15초짜리 즉흥적인 영상만 올릴 수 있도록 한 데 있다. 10대들이 부담 없이 찰나의 즐거움을 포착해 올리도록 잘 유도한 장치로, 만약 영상

'틱톡'은 손쉬운 영상편집에 '15초'라는 시간제한으로 즉흥성을 더해 10대의 호응을 얻었다. 이에 발맞춰 기업들도 누구나 쉽게 따라 할 수 있는 댄스 챌린지 프로모션 등으로 틱톡 유저들의 참여를 유도한다. (출처 : 이마트 틱톡)

을 시간제약 없이 올릴 수 있도록 했다면 틱톡이 이만큼 인기를 끌지는 못했을지도 모른다. 누구나 15초짜리 뮤직비디오를 직접 만들어 공유하고 함께 즐기는 것이 이 앱의 핵심 컨셉이다.

요즘 소비자들, 그중에서도 10대들은 남들이 만든 콘텐츠를 일방적으로 주입받아 소비하는 것을 좋아하지 않는다. 자신의 손으로 직접 만들거나 제작에 관여한 콘텐츠여야 더 만족을 느끼고 더 많이 추천한다. 위트와 틱톡의 성공요인은 이 점을 가장 효과적으로 활용했다는 데 있다. 아무리 짧게 쓴대도 기존의 소설 형태로 읽을 만한 글을 쓰기란 쉽지 않다. 하지만 메신저에서 남자친구랑 이런저런 대화를 나누듯이 전개되는 팬픽이라면 이야기가 달라진다. 소설이지만 나도 한번 도전해볼 만하다.

틱톡 역시 마찬가지다. 유튜브에 올릴 영상은 2분짜리라도 많은 노력을 필요로 한다. 하지만 틱톡에서는 흘러나오는 음악에 맞춰 15초짜리 동영상을 만들어 올리면 된다. 앱이 제공하는 손쉬운 기능이 있으므로 만드는 데 수고스럽지도 않다.

디지털 네이티브, 그중에서도 핵심인 10대들의 인싸 플랫폼이 되고 싶은가? 그렇다면 친근하게 말을 걸고 그들이 콘텐츠를 자유롭게 만들 수 있도록 해주어야 한다. 어려운 문법으로 말을 걸고 소수가 주도하는 콘텐츠가 올라오는 플랫폼은 기성세대들의 것이지 10대에게 적합한 형태는 아니다.

브랜드가 아니라 내가 표현되어야 한다

　10년 전만 해도 속옷 브랜드 하면 모두들 빅토리아 시크릿을 가장 먼저 떠올렸을 것이다. 섹시한 모델들을 앞세워 공격적인 마케팅을 하던 빅토리아 시크릿이 2016년을 기점으로 마이너스 성장세를 면치 못하고 있다. 빅토리아 시크릿이 지금껏 유지해온 '섹시한 몸매에 어울리는 속옷'이란 브랜드 컨셉이 더 이상 먹히지 않는 것이 가장 큰 이유다.

　가장 큰 저항감을 보이는 것은 Z세대들이다. 빅토리아 시크릿뿐 아니라 갭, 아베크롬비, 제이크루 같은 브랜드도 사정은 마찬가지다. 한때 미국 10대들의 교복으로 불리던 아베크롬비

앤피치 역시 섹시한 컨셉을 내세웠다가 낭패를 봤다. 널따란 어깨와 역삼각형 몸매를 앞세운 모델들을 기용해 캠페인을 벌이자마자 10대들이 떨어져 나가기 시작한 것이다. 그 뒤 매출이 만회되지 않아 이제는 브랜드 자체를 매각하려 할 정도로 시장에서 외면당하고 있다.

과거의 10대들이 열광하던 브랜드를 왜 지금의 10대는 싫어하는 걸까? 한 가지 설명할 수 있는 건, 이들 브랜드가 잘나갔을 당시의 10대와 지금의 10대가 다르다는 사실이다. 테크노홀릭 또는 Z세대라 불리는 오늘날의 10대가 원하는 브랜드 스토리는 과거의 그것과 전혀 다르다. 이것을 이해하지 못한 브랜드들이 고전을 면치 못하는 것이다.

과거의 소비자들은 희소성 있는 브랜드, 전통 있는 브랜드, 그래서 남에게 자랑할 수 있는 브랜드를 원했다. 그들은 '이 제품을 사면 내가 어떻게 보일까?'를 중요하게 생각했다. 남들이 부러워할 만한 브랜드를 소유했다는 느낌을 주는 게 중요했기에 뛰어난 품질을 강조하거나 겉으로 드러나는 멋진 이미지를 만드는 데 치중했다. 고급의 멋진 이미지를 만드는 과정은 아무래도 기업이 주도할 수밖에 없다. 그래서 과거에는 정교한 기업 주도형 브랜딩 전략이 주효했다.

밀레니얼 세대가 스스로를 소중히 여기는 '미 제너레이션

LOUIS VUITTON X SUPREME

A collaboration with Supreme

럭셔리 브랜드 루이비통도 10대와 교감하기 위해 스트리트 패션 브랜드와 콜라보레이션을 시도한다. (출처 : 루이비통코리아 페이스북)

(me-generation)'이라면 Z세대는 아예 남의 시선은 개의치 않는 '미 센트릭(me-centric)'한 세대다. 자신이 가장 중요하기에 그들은 스스로 의미를 부여할 수 있는 브랜드, 소유했을 때 나만의 특별함을 드러낼 수 있는 브랜드를 찾는다. 이 브랜드가 나의 취향과 라이프스타일을 잘 담아낼 수 있는지가 중요한 선택 기준이다. 자신과 진정으로 연결되어 있다는 느낌을 주는 브랜드를 사랑한다.

이런 변화를 감지한 기존의 강자들이 변신을 꾀하고 있다. 고고하던 루이비통이 스트리트 패션 브랜드인 슈프림 (Supreme)과 지속적으로 콜라보하는 것도 이런 이유에서다. 루이비통은 들고 다닐 때 남들이 부러워할 브랜드이지만 10대들이 일체감을 느낄 만한 브랜드는 아니다. 미래 소비세대에게까지 사랑받기 위해서는 '나도 너의 감성을 가지고 있어'라고 더 적극적으로 말을 건네야 한다. 그 시도를 슈프림을 통해 하고 있는 것이다.

소비자의 마음과 브랜드의 강점을 이어가라

브랜드 전문가들은 한목소리로 지금은 과거와는 다른 브랜드 전략이 필요하다고 말한다. 무엇보다 '방식'을 바꾸어야 한다. 기업이 주도하는 일방향 전략이 아니라, 소비자와 적극적으로 소통하고 그들과 함께 걸어간다는 느낌을 주는 브랜딩 전략이 필요한 시점이다. 즉 이제는 고객과의 '연결'이 핵심이 되어야 한다. 브랜드가 자신의 이야기를 하는 것 못지않게 소비자들이 듣고 싶어 하는 이야기를 해주어야 한다는 것이다.

과거에는 좋은 제품을 만들고 그것에 좋은 이미지를 불어넣는 브랜딩 전략이 중요했다. 그러나 디지털 채널의 증가로 매체가 다양해지며 힘의 균형이 점차 기업에서 소비자로 넘어가고 있다. 특히 디지털 매체를 활발하게 이용하는 디지털 세대는 기업이 일방향으로 전하는 스토리에 매력을 덜 느낀다. 이제는 이러한 젊은 소비자와 수평적 커뮤니케이션을 잘하는 기업이 성공하는 시대다. '저 제품은 내 취향이야, 나와 결이 맞는 브랜드야'라고 디지털 세대 스스로 말할 수 있도록 자연스럽게 유도하는 것이 중요하다.

그러므로 혼자 정교하게 잘 만들어서 전달하기보다는 오히려 디지털 세대가 참여할 수 있는 여백을 주는 형태로 쌍방향 교류하며 브랜드 이미지를 다듬어가는 것이 더 효과적일 수 있다. 좋은 제품 이미지를 만들어서 소비자의 머릿속에 심는 브랜딩 작업도 중요하지만 디지털 세대의 마음을 읽어내 브랜드의 강점과 연결하는 소비자 중심의 브랜딩 개념이 필요하다.

빅토리아 시크릿이 Z세대의 반감을 사서 추락하고 있다면, 정반대로 Z세대와 잘 교류해서 성공한 속옷 브랜드도 있다. '미국 10대들의 속옷 브랜드'라 불리며 승승장구하고 있는 에어리(Aerie)가 그 주인공이다. 에어리가 Z세대가 열광하는 속옷 브랜드가 된 데에는 일명 '에어리의 진짜 모습(Aeriereal)' 마케팅 캠페인의 역할이 컸다.

에어리는 디지털 세상을 주도하는 10~20대의 취향이 변화하고 있다는 것을 감지했다. 무엇보다 Z세대 소비자들은 지나치게 있어 보이는 척하는 가식적 이미지에 반감을 느낀다는 것을 읽어냈다. 10대들은 빅토리아 시크릿이나 아베크롬비앤피치가 멋져 보일지는 모르지만 자신을 닮은 브랜드는 아니라고 생각한다. 이 점에 주목한 에어리는 진정성과 자연스러움이 강조되도록 브랜드 전략을 수립했다.

캠페인은 몇 가지 원칙을 가지고 움직였다. 우선 타깃 고객들의 진짜 모습을 자연스럽게 보여주고자 노력했다. 광고로 사용되는 사진에 포토샵을 비롯한 어떠한 이미지 변형도 하지 않았다. 다소 아마추어가 만든 듯한 느낌이 나더라도 가능한 원본 사진을 그대로 사용했다. 평범한 10대 소녀들과 거리가 먼 비현실적으로 마르고 늘씬한 모델을 기용하지 않았음은 물론이다. 그런 다음 브랜드 컨셉을 담은 '#Aeriereal' 해시태그를 달아서 Z세대가 즐겨 사용하는 다양한 SNS 플랫폼에 노출시켰다.

반응은 폭발적이었다. 10대를 주축으로 수많은 젊은 여성이 이 캠페인에 호감을 보였다. 그러고는 브랜드와 적극적으로 소통하기 시작했다. 에어리 속옷을 입은 자신의 모습을

'#Aeriereal' 해시태그를 달아서 인스타그램 등에 올리며 에어리의 팬임을 인증했다. 2019년 11월 현재 이 해시태그로 인스타그램에 올라온 게시물은 21만 건을 헤아린다. 대부분 광고가 아니라 일반 소비자들이 일상생활에서 에어리 제품을 입고 자연스럽게 포즈를 취한 모습이다.

에어리의 캠페인은 Z세대에 맞는 브랜드 전략은 어떠해야 하는지 보여주는 모범사례다. 기업 주도적으로만 만들지 말고 소비자들의 마음을 읽어내며, 가능한 그들의 모습이 브랜드에 자연스럽게 투영되도록 해야 한다. 동시에 일방향으로 브랜드 메시지를 전달하는 것이 아니라 소비자에게 말을 걸고 그들과 함께 브랜드 스토리를 만들어야 한다. Z세대들은 그 과정을 통해 자연스럽게 브랜드의 팬으로 변모해갈 것이다.

짧게 멀티태스킹

지상파 방송이 위기다. KBS는 2019년 한 해 사업손실이 1000억 원대에 이를 것이라 발표했다. 2023년까지 누적 사업 손실액이 6500억 원에 이를 전망이라고 하니 지상파의 몰락을 실감할 수 있다. 2018년 적자 1200억 원을 기록한 MBC도 사정은 다를 바 없다. 한마디로 사람들이 지상파를 보지 않는다는 것이다. 그나마 남아 있는 시청자는 장년, 노년세대일 뿐 젊은이들은 지상파 TV를 떠난 지 오래다.

TV를 대체한 건 손 안의 스마트폰이다. TV를 보지 않게 되면서 '본방사수'도 옛말이 되었다. 젊은 세대들은 TV 편성표에 맞

디지털 시대와 노는 법

쳐 시청하지 않는다. 카페든 버스든 지하철이든, 아무 때 아무 곳에서나 콘텐츠를 즐기는 것으로 미디어 소비 형태가 완전히 전환되었다.

KBS가 1000억 원 손실을 말하는 시점에, 한쪽에서는 출범도 하지 않은 콘텐츠 플랫폼이 1000억 원대 광고매출을 달성했다는 이야기가 들려온다. 미국의 숏폼 비디오 플랫폼인 '퀴비(Quibi)'가 그 주인공이다. 디즈니 르네상스의 주역으로 빠지지 않고 언급되는 제프리 카젠버그가 드림웍스 CEO에서 물러난 후 만든 회사로, CEO는 맥 휘트먼이다. 비디오 플랫폼이라 하면 넷플릭스 식 인터넷 스트리밍 플랫폼을 떠올리기 쉽지만, 이들은 넷플릭스는 자신의 경쟁상대가 아니라며 선을 긋는다.

넷플릭스와의 가장 큰 차이점은 퀴비의 모든 콘텐츠가 철저히 모바일 기반이라는 점이다. 모바일로 콘텐츠를 소비하는 디지털 세대가 이들의 주요 타깃이다.

한 곳에 앉아서 TV나 영화를 보는 것과 달리 모바일을 통한 콘텐츠 소비는 불안정하다. 느긋하게 집중해서 콘텐츠를 감상하기 어렵다. 여기에 더해 젊은 세대의 집중력도 점점 떨어지고 있다. 광고 에이전시 스파크앤허니(Sparks & Honey)에 따르면 미국 10대의 평균 집중력은 8초로, 2000년대 12초에서 4초나 줄었다고 한다. 4~17세 어린이와 청소년 중 주의력결핍

및과잉행동장애(ADHD) 증상을 보이는 비율은 11%로 2003년의 7.8%에 비해 우려할 수준으로 증가했다.

여러모로 집중하기 힘든 시청 여건에서는 짧고 임팩트 있는 콘텐츠가 아니면 먹히지 않는다. 그래서 퀴비가 제작하는 영상은 10분을 넘지 않는다. 짧은 시간 동안 가볍게 소비할 수 있는(snackable) 포맷의 콘텐츠를 선호하는 디지털 세대의 성향을 반영한 전략이다.

2020년 4월 서비스 개시를 목표로 아직 콘텐츠 제작 중이라 퀴비의 앞날을 가늠하기는 너무 이르지만, 시장의 반응은 이미 폭발적이다. 1조 원이 넘는 펀딩이 순식간에 달성되었고 광고 매출도 계속 오르고 있다. 할리우드 A급 감독들도 앞 다투어 제작에 뛰어들고 있다. 2017년 아카데미 최우수 작품상으로 선정된 〈셰이프 오브 워터〉를 만든 기예르모 델 토로, 오리지널 〈스파이더 맨〉 시리즈 감독으로 유명한 샘 레이미 등 기라성 같은 감독들이 전체 2~4시간 분량의 드라마를 제작하고 있다. 퀴비는 이를 5~10분 길이로 나누어 내놓을 예정이다. 제작비도 엄청나다. '#Freerayshawn'으로 알려진 드라마는 2시간 30분 분량밖에 안 되지만 제작비는 150억 원가량 된다.

콘텐츠 소유권을 나누는 방식도 혁신적이다. 각 드라마 시리즈는 두 가지 버전으로 출시될 예정이다. 하나는 퀴비가 작품 전체를 10분 이내로 짧게 편집해서 내놓는 버전, 다른 하나는 전체 스토리가 10분 안에 끝나 편집을 거치지 않는 버전이다. 퀴비는 2년간 콘텐츠를 독점적으로 사용할 권리를 가지고, 2년 후에는 창작자에게 모든 권한이 귀속돼 자신이 원하는 방식으로 판매할 수 있다. 긴 호흡으로 드라마와 영화를 만들어온 창작자를 배려하고, 동시에 새로운 시도에 많이 참여하도록 독려하기 위한 전략이다.

소비자의 선택권도 다양하다. 기본적으로는 매달 스타벅스 커피 한 잔 값인 4.99달러면 모든 콘텐츠를 볼 수 있다. 단, 이 가격에 콘텐츠를 소비하려면 매번 10~15초가량의 광고를 봐야 한다. 광고를 보고 싶지 않다면 7.99달러의 월구독료를 지불하면 된다. 광고 길이도 시청하는 콘텐츠에 따라 다르다. 10분 콘텐츠에는 15초의 광고가, 5분 전후의 콘텐츠에는 10초 광고가 노출될 예정이다. 소비자에게 광고를 볼지 말지 결정하게 하고, 누리는 혜택만큼의 요금만 정확히 지불하게 하겠다는 의도다.

짧은 콘텐츠가 약진함에 따라 기존 기업들도 발 빠르게 디지털 세대의 입맛에 맞는 숏폼 콘텐츠 제작에 열을 올리고 있다. 워너브라더스 TV 사업국은 주로 〈빅뱅이론〉이나 〈웨스트월드〉 등 30~60분 길이의 드라마를 제작해 공급했다. 그러던 워너브라더스가 일종의 독립 미디어 스튜디오인 스테이지 13(Stage 13)을 설립하고 2017년부터 에피소드당 10분이 넘지 않는 숏폼 콘텐츠들을 제작해 다양한 디지털 플랫폼에 선보이고 있다.

한국에서도 실험이 진행 중이다. CJ ENM은 2019년 한 해 동안 숏폼 형태의 콘텐츠 1만 5000편 이상 제작하는 것을 목표로 디지털 스튜디오를 대폭 보강했다. 단순하게 제작 편수만 늘리는 게 아니라 짧아도 퀄리티 높은 콘텐츠를 만들려고 노력하고 있다. 과거에는 짧은 콘텐츠는 만드는 기간도 짧고 예산도 적어서 하루에 2~3편씩 제작하기 일쑤였다. 콘텐츠 수준이 낮은 것은 당연한 귀결이다. 그러나 CJ ENM은 기존의 제작비보다 1.5배, 많게는 3배 이상 투자하고 전문 디지털 스튜디오에서 100% 사전제작 방식으로 완성한 고품질 숏폼 콘텐츠를 꾸준히 소개한다는 목표를 가지고 있다.

최근 tvN은 디지털 플랫폼을 넘어 TV 프로그램에서도 숏폼 형태를 시도하고 있다. 2019년 9월 방영된 B급 정서 충만한 예능 프로그램 〈삼시세끼 : 아이슬란드 간 세끼〉는 단 5분 만에 끝난다. 놀라운 사실은 방송에 대한 젊은 시청자들의 반응이다. 시청률도 4.6%(닐슨 코리아 전국 유료 플랫폼 가입 가구 기

　　　　　디지털 시대와 노는 법

TV 프로그램도 점점 짧아지고 있다. tvN 〈삼시세끼 : 아이슬란드 간 세끼〉는 5분 만에 끝난다.
(출처 : tvN 홈페이지)

준)로 결코 낮지 않은 데다 방송 앞뒤의 광고도 완판될 정도로 반응이 뜨거웠다. 여파는 곧장 온라인으로도 이어졌다. 해당 영상의 풀버전이 유튜브 급상승 1위에 오르더니 단시간에 수백만 뷰를 기록했다.

젊은 세대의 집중력과 주의력 모두 심각한 수준으로 낮아졌지만 반대로 향상된 것도 있다. 멀티태스킹에 능해졌다. 미국 Z세대가 멀티태스킹 작업으로 선호하는 스크린 숫자는 자그마치 5개다. TV를 보면서 휴대폰으로 페이스북 피드에 올라온 친구 소식을 확인하고, 노트북으로 구글링(Googling)을 하며 정보를 찾고 동시에 스마트펜으로 태블릿에 해당 정보를 옮긴다.

이 와중에도 휴대폰에서는 음악이 계속 흘러나온다. 이 복잡한 작업이 Z세대에게는 어려운 일이 아니다.

이쯤 되면 왜 디지털 세대가 숏폼 콘텐츠를 사랑하는지 이해 될 것이다. 디지털 세대에게 사랑받고 싶다면 기존의 콘텐츠 제작공식은 잊어야 한다. 과도한 집중력을 요구하지 않고 즉각 적인 반응이 일어날 수 있는 소통방식을 고민할 때다.

온라인의 편리함과 오프라인의 신뢰성을 모두 요구한다

"바보야, 문제는 경제야(It's the economy, stupid)!"

한 번쯤 들어보았을 이 문구는 1992년 미국 대통령 선거 당시 민주당 후보였던 빌 클린턴 진영이 사용한 선거운동 슬로건이다. 이 한 문장 덕분에 유권자들은 당시 미국이 겪고 있던 불황의 심각성에 더 집중하게 되었고, 결과적으로 현직 대통령이었던 부시를 누르고 젊은 클린턴이 당선되었다.

'온라인의 성장이 오프라인을 몰락시키는가?', '온라인을 넘어서는 오프라인숍의 등장'… 디지털 전환시대답게 뉴스를 온통 뒤덮고 있는 이슈들이다. 하지만 디지털 세대가 이런 기사들을 읽는다면 한마디 할지 모른다.

'바보야, 문제는 (온라인 vs. 오프라인이 아니라) 끊기지 않는 연결이야!'

딜로이트 컨설팅이 발표한 2017년 소비자 인식 보고서에 따르면, 디지털이 존재하지 않았던 시대에 성장한 전통적인 소비자들은 무의식적으로 온라인이냐 오프라인이냐를 나누는 이분법적 사고에 젖어 있다고 한다. 아울러 온라인에 익숙한 젊은 세대는 상대적으로 오프라인 공간에서 시간을 덜 보낼 것이라는 선입견도 있는 것으로 나타났다.

하지만 실제 20대 전후의 디지털 세대는 온라인/오프라인을 굳이 나눠서 바라보지 않으며, 기성세대가 짐작하는 것처럼 온라인에만 머물지도 않는다. 그들의 구매여정을 추적해보면 온라인 오프라인 할 것 없이 자신에게 최적의 경험을 주는 경로를 자연스럽게 넘나들고 있음을 알 수 있다. 즉 중요한 것은 온라인이냐 오프라인이냐가 아니라, 온라인과 오프라인을 끊김없이(seamless) 이어주는 최적의 경험을 주느냐다.

'FOBO(fear of being offline)'라는 용어가 있다. 온라인에서 단절된 채 오프라인에 머무는 것에 대한 두려움이다. 온라인상에서 타인과 소통하는 데 익숙한 젊은 디지털 세대는 오랜 시간 오프라인에만 머무는 것에 본질적인 두려움이 있다. 오프

"옷은 주로 오프라인 매장 가서 사요. 일단 지그재그나 네이버 통해 알아보고 가죠. 온라인에는 예쁜 옷들이 너무 많은데 막상 배송되면 정작 달라서 실망할 때가 많아요. 그래서 길거리 옷가게, 지하상가, 백화점에서 사는 편이에요." (고등학생 인터뷰)

"저는 보세 같은 거 볼 때는 지그재그를 많이 이용하고, 좋은 거 사고 싶다 할 때는 W컨셉이나 29CM에 들어가요. 가끔 궁금해서 무신사 들어가보고, 신발은 오프라인에서 많이 사고요. 화장품은 다 떨어졌다 싶으면 올리브영이나 왓슨스 자주 가요." (대학생 인터뷰)

라인에서 즐거운 경험을 추구하지만 동시에 그 경험이 디지털 세상에서의 소셜 라이프와 연결되기를 원한다.

최근 나이키가 뉴욕이나 상하이 등 거대도시에 매장을 오픈할 때 가장 공들이는 부분은 매장 내에서도 온라인에 연결된 경험을 제공하는 것이다. 최근 오픈한 대형 플래그십 스토어에 가면 나이키 신발을 신고 트레드밀에서 뛰어볼 수 있다. 단순한 성능 시험이 아니다. 가장 높은 점수를 얻으면 나이키의 주요 소셜미디어에 지속적으로 노출되기 때문에 참가자들도 열심히 뛴다. 매장에서 한 경험이 자연스럽게 손 안의 디지털로 녹아들어가도록 설계한 것이다.

역설적이게도 디지털 세대는 온라인의 단절을 두려워하는 동시에 JOMO(joy of missing out)를 추구하는 세대이기도 하다. 온라인의 편리함만큼이나 오감을 자극하는 흥미로운 오프라인 장소 역시 끊임없이 탐닉한다.

럭셔리 브랜드 샤넬은 2018년 3월 10~20대가 많이 모이는 홍대 앞에 '코코 게임 센터'라는 이름의 팝업스토어를 열었다. 온라인 사이트에 등록하면 무료 초대장이 발부되고, 이를 보여주면 샤넬 로고가 찍힌 동전을 받을 수 있다. 동전을 넣고 게임을 즐기도록 자연스럽게 유도하는 장치다.

공간에는 자동차 경주부터 뽑기까지 다채로운 게임이 샤넬 화장품과 조화롭게 어울려 재미를 준다. 게임을 하다 쉬는 타이밍에는 게임기 화면이 거울로 바뀌고, 사람들은 그 자리에서 이런저런 샤넬 화장품을 발라보며 테스트할 수 있다.

게임 센터를 주로 이용한 이들은 기존의 샤넬 고객인 30~40대가 아니라 대부분 10~20대였다. 샤넬은 미래의 잠재고객인 디지털 세대에게 좀 더 친숙하게 다가가기 위해 온라인이 아닌 오프라인에 즐거움을 주는 공간을 마련한 것이다. 디지털 세대가 오프라인에서 얻을 수 있는 직접적인 경험을 포기하지 않는다는 사실을 잘 이해한 결과다. 샤넬뿐 아니라 많은 기업들이 판매 이외에 재미를 주려는 목적으로 오프라인에서만 가능한 직접적인 체험공간을 늘려가고 있다.

이처럼 지금의 디지털 세대는 온라인-오프라인을 이분법적으로 나누어 사고하지 않는다. 이들은 디지털 세상과 자신이 발 딛고 있는 오프라인 세상을 끊임없이 오가면서 즐거운 경험을 추구하는 세대다. 이들 세대에 어필하기 위해서는 온라인과 오프라인 경험을 총체적으로 연결해야 한다. 최대한 자연스럽게 말이다.

온라인의 편리함과 오프라인의 정감이 결합된 당근마켓

'중고나라에서 중고 스마트폰을 구매했는데, 택배상자를 열어보니 폰 대신 벽돌이 들어 있더라.'

인터넷에서 한 번쯤 봤을 법한 중고거래 사기 사례다. 실제로 택배상자에 벽돌이 들어 있는 사진은 중고나라의 대표적 사기 사례로 인터넷에 널리 퍼져 있다. 이러한 문제에도 불구하고 중고거래 시장에서는 '중고나라'가 압도적 규모를 자랑하기 때문에 새로운 매물이 쉴 새 없이 쏟아지고, 매년 2조 원가량의 거래가 이루어지고 있다.

중고나라가 가진 온라인 거래의 편리함에 오프라인 직거래의 장점을 결합해 급속하게 성장하고 있는 서비스가 있다. 바로 '당근마켓' 이야기다. 2015년 '판교장터'라는 이름으로 첫 선을 보인 당근마켓은 매달 순방문자가 300만 명에 달하며 중고나라를 위협하는 대체 중고거래 사이트로 발돋움했다.

당근마켓이 중고나라에 비해 갖는 장점은 명확하다. 다양한 거래물품을 볼 수 있는 온라인 거래의 장점은 살리고, 사기 거래 같은 온라인 거래의 단점을 오프라인 상의 직거래로 보완한 것이다. 당근마켓은 전국을 6000개가 넘는 동네로 쪼개고, 같은 동네로 분류되는 인근 사람들끼리만 거래할 수 있도록 만들었다. 동네 사람들끼리 직거래하므로 거래자들끼리 자연스럽게 '평판관리'가 된다. 하자 있는 제품을 동네 사람에게 팔았다가는 오고가며 만날 때마다 민망해질 수 있으므로 파는 사람도 더 꼼꼼하게 물건을 체크해서 내놓게 되고, 상대방도 믿고 구매할 수 있다. 같은 동네다 보니 같은 사람과 여러 차례 거래하는 경우도 적지 않다. 거래가 늘어날수록 서로 친해지고 상대방에 대한 신뢰가 커지는 것은 당연하다.

거래가 깨지지 않고 원활하게 이루어지도록 돕는 기능도 다양하게 도입했다. 같은 동네라도 모르는 사람과 만나는 것에 거부감을 느낄 수 있기에 '매너 온도' 같은 기능을 제공해 상대 방의 평판을 조회할 수 있도록 했다. 채팅창에서 거래자들끼리 약속시간을 정하면 이를 당근마켓이 인식해 거래시간이 가까워지면 메시지를 보내 환기시키는 기능도 있다.

당근마켓은 디지털 세대의 마음을 온라인-오프라인의 이상적인 결합으로 사로잡은 사례라 하겠다. 온라인이냐 오프라인이냐는 중요하지 않다. 당근마켓은 두 채널이 가지는 장점을 결합해 사용자에게 가치 있는 경험을 제공하는 것이 중요하다는 사실을 다시 한 번 강조하고 있다.

—

모든 이들이 디지털 세대를 따라 한다

지금까지 다양한 사례를 통해 디지털 세대의 특성을 알아보았다. 앞서 언급된 특성을 정리하면 다음과 같다.

첫째, 디지털 세대는 SNS를 기반으로 자신의 정체성을 쌓아 올리는 데 익숙하다. 어려서부터 얼굴도 모르는 이들에게 '좋아요'를 받는 것이 중요했던 세대다. 그런 이유로 이들은 SNS에 올릴 만한 가치를 제공하는 콘텐츠를 선호한다. 최근 들어 수많은 기업이 인스타그래머블한 브랜드 스토리와 브랜드 이미지를 만드는 것도 동일한 이유다.

둘째, 디지털 세대는 자신의 개성을 드러낼 수 있는 브랜드에 가치를 느낀다. 남의 시선보다는 자신이 더 중요한 세대다. 이들은 자신의 이야기를 해줄 수 있는 브랜드를 좋아한다. 지나치게 세련된 브랜드보다는 내 취향을 잘 보여주는 브랜드를 더 적극적으로 옹호하기도 한다. 최근 들어 개성 없는 프랜차이즈가 고전하고, 작지만 뚜렷한 취향을 가진 소규모 브랜드가 많이 등장하는 것도 같은 이유라 할 수 있다. 나이키가 커스텀 서비스인 'Nike by you'를 내놓는 것도 디지털 세대의 특성을 고려해서다. 자신이 중요한 세대에게는 개인화된 경험이 중요하기 때문이다. 디지털 세대는 매장에서 자신의 운동화를 직접 만들고, 전국에 같은 프로그램을 송출하는 TV 대신 내게 맞춘 콘텐츠를 큐레이션해주는 넷플릭스를 본다.

셋째, 디지털 기기에 익숙한 삶을 살아온 이들은 디지털 일상에 적합한 콘텐츠를 선호한다. 한 자리에 진득하게 앉아 TV를 보는 것은 이들의 이동성을 방해하므로 배척된다. 그 대신 손에 든 휴대폰으로 아무 때나 내킬 때 콘텐츠를 소비하는 편이다. 따라서 집중이 필요한 긴 호흡의 콘텐츠보다는 짧은 콘텐츠를, 읽고 생각해야 하는 글보다는 즉각 인지되는 이미지 중심의 콘텐츠를 좋아한다. 이것이 디지털 라이프스타일에 정확하게 부응하는 콘텐츠 형태다. 디지털 세대가 어떤 방식으로 디지털 라이프를 즐기는지 눈여겨봐야 하는 이유다.

넷째, 디지털 세대는 디지털을 배운 세대가 아니다. 태어날 때부터 존재한 디지털 라이프를 그냥 살아왔을 뿐이다. 태어날 때부터 온라인과 오프라인이 모두 있었고, 편의에 따라 온·오프라인을 오가며 살고 있다. 온·오프라인을 무 자르듯 나누어 사고하지도 않는다. 이들은 자신이 발 딛고 있는 오프라인과 자신의 정체성을 재확인할 수 있는 온라인을 자연스럽게 이어주는 제품/서비스를 선호한다. 반면 이들에게 제품/서비스를 판매하는 기성세대는 아날로그의 삶을 살다가 디지털을 학습했기에 온라인과 오프라인을 나눠서 생각하는 이분법적 사고방식이 몸에 배어 있다.

다섯째, 디지털 세대는 수동적 객체로 머무는 것을 좋아하지 않는다. 그들은 스스로 콘텐츠를 만들어 남들과 함께 나누는 것을 좋아한다. 위트와 틱톡이 사랑받는 이유다.

과거에는 경제적으로 자립하지 못한 10~20대는 기업의 분석대상이 아니었다. 그나마 10~20대 소비자에게 관심을 기울여온 기업들은 대개 스낵이나 의류 등 저관여 제품을 판매하는 기업들이었다. 그런데 최근에는 자동차, 가구, 전자제품 등 상대적으로 고가인 고관여 제품군(high involvement product) 기업들도 Z세대의 성향 파악에 열을 올리고 있다. 자신들의 직접 구매자가 아닌데도 Z세대에 관심을 기울이는 이유가 뭘까?

가장 큰 이유는 이들 Z세대가 가계 구매에 큰 영향을 미친다는 보고서가 속속 등장하고 있기 때문이다.

오늘날 기업의 핵심 구매층은 X세대(일반적으로 1965~78년 사이에 태어난 세대)라 불리는 40~50대다. 너무 늦은 나이에 디지털 전환시대를 맞이한 베이비붐 세대(일반적으로 1946~64년 사이에 태어난 세대)에 비해 40~50대는 디지털에 마인드가 열려 있다. 디지털 기기를 비교적 왕성하게 소비하며, 온라인에서 정보를 검색하고 좋은 채널을 찾아 제품을 구매하는 편이 혜택이 더 많다는 것도 알고 있다. 하지만 쉴 새 없이 쏟아져 나오는 디지털 트렌드를 따라가기는 버겁다. 그러나 디지털에 대해 잘 모른다고 해서 막연하게 두려워하며 회피하기보다는 적극적으로 정보를 찾거나 조언을 구한다. 조언 대상은 바로 눈앞의 Z세대 자녀들이다.

IBM에서 발행한 〈유일무이한 Z세대〉라는 리포트에 따르면 X세대가 구매를 결정할 때 자녀들에게 의존하는 경향이 결코 작지 않다는 것을 알 수 있다. Z세대에게 '부모의 지출에 영향을 미치는 품목'에 대해 질문한 결과 '식품이나 음료(77%)', '전자제품(61%)' 등 부모들이 알아서 결정할 법한 품목에서도 자녀의 영향력이 큰 것으로 나타났다.

한마디로 Z세대는 본인도 적극적으로 구매하지만 시장의 큰 손인 부모 세대의 구매에도 절대적인 영향을 주는 존재인 셈이다.

동시에 이들은 다른 세대에 강력한 영향을 주는 인플루언서이기도 하다. 최근 40~50대 중에도 트렌드에 민감한 이들이 늘고 있다. 아저씨처럼 보이고 싶지 않은 이들은 자신을 꾸미고 자기계발하는 데 투자를 아끼지 않는다. 그들이 롤모델로 삼는 대상이 바로 20~30대다. 젊게 살고 싶은 40대는 주로 인스타그램에서 최근 유행하는 패션정보를 얻는데, 이 플랫폼에서 큰 영향력을 미치며 왕성히 콘텐츠를 만들어내는 세대가 바로 20~30대다. 자신보다 10~20년 이상 어린 사람들의 취향에 거부감을 느끼지 않고, 받아들이고 적용하려 노력하는 게 요즘 40대의 추세다. 아니, 이런 흐름은 40대를 넘어 장년층에게로 번져가고 있다. 나이에 관계없이 젊게 살고 싶은 것은 인지상정이며, 최근 들어 그 욕구는 점점 커지는 추세다.

기업들도 이러한 추세에 발 빠르게 대응하고 있다. 의류 브랜드인 뉴발란스는 2019년 '#아빠의_그레이 #아빠_프사_바꿔드리기_프로젝트'라 불리는 'Grey Runs in the Family' 캠페인을 진행해 큰 호응을 얻었다. 말 그대로 평범한 50~60대 아버지들을 20~30대 스타일로 꾸민 다음 메신저 프로필 사진을

디지털 시대와 노는 법

찍는 이벤트로, SNS에서 폭발적인 입소문을 만들어냈다.

평생 양복이 출근복이었던 이들은 어느 날 불어닥친 '비즈니스 캐주얼' 문화가 너무 낯설다. 스스로도 아저씨처럼 입고 싶은 건 아니지만 멋쟁이처럼 근사하게 캐주얼을 소화할 엄두가 나지 않아 매일 그렇게 지낼 뿐이다. 그들을 위해 이벤트에 응모한 이들은 아들딸들이다. 일회성 이벤트라 해도 자녀 덕분에 새로운 스타일과 근사한 '프사'를 얻게 된 아버지들의 패션은 과거와는 조금 달라지지 않을까? 이제 그들도 젊은 세대의 스타일을 조금씩 자기 것으로 만들어갈 것이다. 자녀의 도움을 받아가며 말이다.

이처럼 20대의 젊은 라이프스타일은 연령을 가리지 않고 폭넓게 영향을 미치고 있다. 온라인에 익숙하지 않은 노년층 역시 자녀에게 구매를 부탁한다. 디지털에 익숙한 자녀들의 취향이 노년층의 구매에도 크게 영향을 미친다는 의미다. 40대, 50대를 넘어 노년층까지 디지털 네이티브의 DNA를 수혈하고 싶어 한다. 기업들이 지금 당장 디지털 세대를 연구해야 할 이유가 이것이다. 미래의 고객이기 때문만이 아니라, 현재의 소비 기준이기 때문이다.

이런 이유로 최근 값비싼 가전기기를 판매하는 삼성전자나 LG전자 등도 10~20대 인식조사에 공을 들이고 있다. 자원이 많은 대기업도, 세계적인 명품기업도, 전통의 먹거리 기업도, 작게 시작한 스타트업도 저마다의 방식으로 이들을 이해하고자 하고, 그들에게 어필하는 브랜드 전략을 만들어가고 있다.

다행인 것은, 디지털 시대에 적응하는 브랜딩이 반드시 나이가 어려야 가능한 것은 아니라는 사실이다. 최근 10~20대에게 인스타그램의 성지로 주목받는 사운즈 한남, 피크닉, 인덱스 등은 과거의 일반적인 브랜딩 전략을 따르지 않음으로써 성공했다. 재미있는 점은 이들 공간이 모두 40~50대 기획자에 의해 만들어졌다는 사실이다.

이들은 '아저씨'라는 구수하고 예스러운 단어가 아니라 한국사회의 변화와 트렌드를 적극적으로 이끌어가는 '영포티(Young Forty)'로 불린다. 패션감각이나 소비행태가 젊다는 것이 주요 특징으로 꼽히지만, 겉으로 드러나는 모습 못지않게 생각하는 방식이나 디지털 감수성이 젊은 것도 기존의 40대와 다른 모습이다. 방탄소년단을 만들어내고 혁신적인 SNS 채널 전략을 통해 한류 열풍을 다시 일으킨 1972년생 방시혁 대표가 영포티의 대표적 인물이다. 20대 대학생들이 가장 사랑하는 브랜드 중 하나인 '배달의민족'을 이끌고 있는 김봉진 대표 역시 영포티다. 이들은 디지털 세대와 끊임없이 소통하며 그들의 문법을 익히고 그들의 문화를 연구해서 디지털 시대가 좋아하는

아빠에게 젊은 스타일을 선사해 큰 호응을 얻은 뉴발란스 'Grey Runs in the Family' 캠페인
(출처 : 뉴발란스 인스타그램)

변화와 트렌드를 이끌어가고 있다. 이들의 디지털 나이는 물리적 나이와 관계없이 젊디젊을 것이다.

　이들은 어떻게 자신의 디지털 감성을 젊게 유지했을까? 디지털 시대에 성공적으로 적응하려면 구체적으로 어떻게 해야 할까? 3장에서는 이에 대해 알아보자.

[인터뷰]지루하지 않은 브랜드를 만들려면

──────── 젠틀몬스터 구진영 마케팅 파트장

'과연 쓸 수 있을까' 싶은 특이한 디자인의 선글라스로 유명한 젠틀몬스터는 최근 글로벌 럭셔리 브랜드인 LVMH의 투자까지 이끌어내며 또 한 번 화제의 중심에 섰다. 2011년 창업해 단기간에 '힙'한 브랜드의 대명사가 된 젠틀몬스터. 이들은 디지털 세대를 어떻게 팬으로 만들었을까? 2014년부터 젠틀몬스터의 마케팅과 브랜딩 전략을 담당해온 구진영 파트장에게 들어보았다.

처음 젠틀몬스터에 오셨을 때는 몇 명이었어요?

10명 정도? 저희 같은 마케팅을 담당하는 사람이 많지는 않아요. 전체적인 기획은 대표님이 리더로서 진행하시고, 저희 브랜딩 본부에는 공간과 프로젝트에 관련된 사람들이 많습니다.

모든 게 빠르게 변하는 디지털 환경인데 입사하셨을 때와 비교하면 달라진 게 많을 것 같습니다. 5년 전, 10년 전과 비교해서 진짜 달라졌다고 느끼신 게 있는지요?

저희 선글라스 산업 자체가 많이 변화했다고 느낍니다. 과거에는 사람들이 제품을 보고 구매할 수 있는 매장에 실제로 갔잖아요. 구매 후기도 10년 전에는 블로그에 올리는 게 대부분이었다면, 이제는 누구나 아는 것처럼 SNS로 너무 빠르게 움직이다 보니 저희도 그러려고 노력하고 있어요.

요새 저희가 디지털과 관련해 가장 고민하는 건 '어떻게 하면 사람들이 보는 콘텐츠를 만들 것인가'입니다. 이게 가장 어려운 일 같아요. 사람들은 하루에도 수많은 콘텐츠를 스쳐지나가면서 빠르게 습득하는데 그 와중에 우리 콘텐츠를 한 번이라도 봐야 하잖아요. 예전에는 강렬한 이미지나 영상으로 브랜드 메시지를 전달했다면, 요즘 저희는 '젠틀몬스터라면 이런 이미지가 나오겠지' 하는 예상을 벗어나려는 노력을 많이 해요. 저희의 브랜드 모토 자체가 예측 불가능성이고, 예측 불가능한 걸 했을 때 우리가 살아남을 수 있다고 생각하거든요. 그래서 모든 콘텐츠가 놀라워야 하고 기억에 많이 남아야 하니 영상이나 이미지도 뭔가 색다른 요소를 보여주려고 노력하죠.

예를 들어 선글라스로 일반적인 패션화보를 찍는 게 아니라 애니메이션을 결합해보자 해서 만화처럼 이야기를 꾸며 캠페인을 한 적이 있어요. 이런 시도 하나하나가 기존의 것을 약간 비틀어서 사람들에게 기대를 심어주는 요소입니다. 모델을 촬영한 화보들 사이에 만화 같은 요소를 넣어서 사람들의 궁금증을 불러일으킨다든가, 로봇이나 AI와 결합하는 등의 시도를 많이 하려고 해요. 사람들이 일반적인 이미지를 보고 좋아하는 게 아니라 색다른 요소가 결합됐을 때, 그리고 세부적인 것까지 디테일하게 만들었을 때 저희 콘텐츠에 좀 더 관심을 가져주시는 것 같아요.

반면 10년 전이나 지금이나 변하지 않은 게 있다면, 사람들은 콘텐츠에 메시지가 깊이 들어 있는 걸 좋아한다는 겁니다. 그래서 저희도 의미 있는 콘텐츠를 담으려고 노력합니다. 예전에는 그저 우리 게 예쁘니 써달라고 하는 식이었다면 지금은 사람들이 과연 어떤 걸 쓰고 싶어 할까, 입고 싶어 할까를 많이 고민해서 제품과 콘텐츠를 만들어요.

파격적인 디자인으로 시선을 끄는 젠틀몬스터 (출처 : 젠틀몬스터 제공)

자극적인 것이 아니라 예측을 벗어나는 것

젠틀몬스터는 오프라인 쇼룸이 유명하잖아요. 볼 때마다 새롭고
신기한데, 어떻게 보면 '젠틀몬스터니까 이렇게 하는구나' 싶기도 합
니다. 브랜딩 관련 책에서는 차별화를 얘기하면서 항상 공감할 수 있

는 범위 안에서 해야 한다고 전제하는데, 젠틀몬스터는 그 범위를 뛰어넘는 것 같아요.

네, 저희는 뛰어넘으려고 많이 노력하고 있어요.

그러면 공감 범위를 뛰어넘어도 새롭거나 예측 불가능하기만 하다면 젊은 세대에게 통한다고 생각하시는 건가요?

저희가 보기에 디지털 세대는 지루한 걸 좋아하지 않는 것 같아요. 자신의 생각에서 벗어나는 걸 좋아하는 거죠. 저희가 매일 인스타그램에 올리면서 '이번엔 반응이 되게 좋을 거야'라고 생각해도 실제로 반응이 좋은 것들은 따로 있거든요. 어떤 건 댓글이 50개 달리는데 어떤 건 700개가 달려요. 왜 그런지 계속 분석해보면, 결국 예측에서 벗어난 순간 그렇게 반응이 커져요. 확실히 디지털 세대는 보통의 기준에 근거해서 생각하는 게 아니어서 재미없는 브랜드를 싫어하는 것 같습니다. 그래서 점점 더 예상을 벗어나는 활동을 하게 되죠.

그리고 한 5년 전까지만 해도 콜라보레이션이 재미있기보다는 그냥 브랜드와 브랜드가 섞이는 느낌이었잖아요? 그런데 요새는 어떻게 이런 것까지 생각했지 싶은 콜라보레이션이 많이 나오잖아요. 콜라보레이션 자체도 너무 많고요. 이제는 그 중에서도 사람들의 예측을 뛰어넘는 시도가 훨씬 파급력이 커진다고 생각해요. 저희가 최근에 했던 펜디와의 콜라보레이션에서는 패션 브랜드와 아이웨어 브랜드가 만나 카페라는 아예 새로운 콘텐츠를 만들었어요. 커피도 저희가 만들고 케이크도 로고를 결합해서 만들고, 공간도 SNS에 찍어 올릴 만한 요소가 있으니 효과가 훨씬 배가되는 것 같아요. 저희가 생각하기에 그 콜라보가 잘됐던 이유는 예측을 넘어섰기 때문이라고 보고, 앞으로도 계속 그렇게 할 생각입니다. '젠틀몬스터니까 가능하다'는 말과 함께 '젠틀몬스터는 다음에 뭐가 나올지 모르겠다'가 가장 듣고 싶은 말이에요. 그렇게 해야 저희가 10년, 20년, 30년까지 생존할 수 있다고 생각합니다.

젊은 층이 자극적인 걸 좋아하다 보니 이른바 '투머치한' 시도도 많아지는데, 왜 사람들은 다른 것보다 젠틀몬스터의 활동을 유독 좋아하고 반응할까요?

유튜브에도 하루에만 수많은 영상이 올라오죠. 그런데 그런 흐름이 따로 있고, 브랜드에 기대하는 콘텐츠는 또 따로 있다고 생각합니다. 사실 콘텐츠가 자극적인 것만 잘되는 건 아니잖아요. 예측을 벗어난 게 잘된 거죠. 그래서 저희끼리는 〈스카이캐슬〉 같은 걸 만들어야 한다고 말해요. 사람들이 〈스카이캐슬〉은 정말 다르다고 하지만 결국 입시에 관한 이야기잖아요.

그걸 색다르게 비틀어(twist) 보여주니 다르게 느껴진 거죠. 그게 항상 어려워요. 자극적인 걸로 해야 하나 싶다가도 다시 한 번 고민하게 되는 건, 사람들과 공감할 수 있는 범위 안에서 다른 걸 찾아내야 한다고 생각하기 때문이에요. 밸런스가 가장 중요합니다. 예측가능성과 예측 불가능성이 있는데, 후자로 너무 기울면 어느 순간 망할 수 있으니까요. 공감이 안 돼서. 〈스카이캐슬〉처럼 공감이 될 만한 요소이면서 사람들이 다르다고 느껴야 균형이 딱 맞겠죠.

저희가 진행하는 프로젝트가 어떤 분에게는 이렇게 해석될 수도 있고 다른 분에게는 저렇게 해석될 수도 있어요. 그러다 점점 공감도가 올라가는데, 그 균형을 맞추려고 많이 노력합니다. 특히 제품의 상업성과 예술성의 균형을 맞추려고 노력해요. 패션 브랜드들이 커머셜과 아트의 밸런스를 맞추지 못해 결국 무너지는 경우를 정말 많이 봤거든요. 저희가 기존 방식대로 전지현 씨와 협업하면서도 한편으로는 특이한 로봇 프로젝트를 하는 것도 이런 이유에서고, 화웨이와 스마트 선글라스를 만들면서 기술적인 부분을 보여주는 것도 그런 이유예요.

균형을 맞추는 게 젠틀몬스터의 실력이 아닌가 싶어요.

그게 가장 어려워요. 그래서 뭐 하나를 할 때 내부에서 토론을 정말 많이 해요. 내부 설득을 거치면 비로소 할 수 있는 거죠. 내부 설득이 안 돼 못한 것들도 많습니다.

디지털 시대, 오프라인 베이스일 때 더 오래간다

이곳 사옥 1층 공간에서도 매달 전시를 하시나요? 요즘에는 그렇게 안 하시죠?

네. '퀀텀'이라고 홍대 쇼룸에서 진행한 게 2015년이었어요. 시작은 2014년부터 했는데 그때는 브랜드 인지도도 낮았고 회사에 돈도 별로 없었죠. 그때는 홍대 거리가 지금보다 사람이 훨씬 많았거든요. 사람들이 우리를 좀 봐줬으면 좋겠는데 어떻게 하면 될까 고민하다가, 1층에 제품을 놓지 말고 전시 컨셉을 계속 바꿔보자는 얘기가 나왔어요.

보일 수 있게?

네. 처음에는 사람들이 미쳤다고 했죠. 돈이 너무 많은가 보다, 아니면 진짜 팝업스토어로 생각하는 분들도 있었고요. 5월이 되면 1층에 꽃을 깔아서 사람들에게 나눠주기도 하고, 그다음 달에는 갑자기 토스트를 구워서 나눠주기도 하고. 저희가 원했던 건 첫 번째는 '얘네 미쳤다', 두 번째는 '얘네 정말 특이하다', 세 번째는 '들어가 보고 싶다', 이거였어요. 실제로 그렇게 됐고요. 매장에 처음 들어오는 분들이 가장 많이 묻는 건 '뭐 하는 데예요?'였어요. 저희가 대부분 직접 진행했는지 모르는 분들도 여전히 많아요. 모두 아티스트랑 협업한 줄 아는 분들도 많고요.

다 내부에서 하신 거예요?

대부분이요. 만약 외부에 저희와 맞는 분이 있으면 내부로 아예 영입했어요. 내부에 그런 사람들을 많이 두려고 노력했죠. 나중에는 그런 분들이 저희의 정말 큰 자산이 되니까요. 그렇게 30번쯤 진행하니까 여기 지나다니는 분들은 다 아시는 거죠. '젠틀몬스터는 매번 바꿔.' 그 순간 예상 가능해지는 거잖아요? 그래서 안 되겠다 싶어서 방식을 바꿨어요. 신사동에 난데없이 옥수수밭을 만들어 카페를 했고, 우리 제품을 구매한 고객들에게 비밀코드를 줘서 도어락을 열고 자기 집처럼 들어갔을 때 뭔가 또 다른 공간이 펼쳐지는 기획, 만화방을 만드는 기획도 했고요. 젠틀 펜디 카페 같은 팝업 공간도 계속 하고 있어요. 이런 시도를 한국에서만 하지 않고 해외에도 열심히 만들고 있습니다.

젠틀몬스터 오프라인 매장 (출처 : 젠틀몬스터 제공)

저희는 다른 브랜드 매장처럼 매뉴얼대로 똑같이 구현하는 스타일이 아니어서 모든 매장이 다 다른 스토리를 담고 있고 다 다르게 만듭니다. 그러느라 하나의 매장을 만드는 데 6개월 넘게 걸려요. 몇 십 명이 그 한 공간을 위해 노력하는 거죠. 지금 전 세계에 저희 플래그십 매장이 20개 있고 한국에 백화점에서 면세점 매장까지 25개 정도 있습니다. 이 매장을 모두 직영으로 관리하고 있어요. 도매를 많이 하지 않고 직영으로만 하는 것도 브랜드 색깔을 지키기 위한 방편 중 하나고요.

사람들이 매장에 들르게 하는 전략을 설명해주셨는데, 디지털 시

디지털 시대와 노는 법

대에 디지털이 아닌 오프라인 공간에 그렇게 신경 쓰는 이유는 무엇인가요?

비슷한 질문을 많이 받습니다. 사실 저희는 누구보다도 온라인 친화적이라고 생각해요. 이렇게 공간을 만드는 이유도 다 온라인으로 퍼지게 하기 위해서니까요. 온라인에는 콘텐츠가 너무 많아서 주목받기가 쉽지 않잖아요.

또 하나, 잘 생각해보면 제가 이번 주말에 가고 싶은 공간도 대부분 오프라인과 온라인이 연계된 공간들이거든요. 예전에는 옴니(omni)라고 해서 오프라인에서 QR코드를 찍어 온라인으로 주문했는데, 사실 그런 것도 소비자에게는 좋지 않은 방법이라고 생각해요. 너무 귀찮잖아요. 주말에 저 같은 30대 회사원이나 20대 대학생들이 가고 싶은 공간, 아니면 디지털 세대가 가고 싶은 공간을 보면 온라인 활동과 오프라인이 연결돼 있어요. 주중에 온라인 활동을 하며 관심 갖게 된 공간에 주말에 가죠. 그래서 저희 공간들, 예를 들어 젠틀 펜디 카페도 온라인에서 우리 카페 얘기만 나오게 하겠다고 작정하고 만듭니다. 사진 찍을 만한 요소를 많이 넣어서 사람들이 무조건 가볼 수밖에 없게끔 외관을 만들었어요. 그걸 누군가 찍어서 SNS에 올리면 사진을 본 사람들은 가보고 싶게 만드는 거죠. 그렇게 온라인을 활용해야 오프라인도 상생하면서 소비가 자연스럽게 일어난다고 생각해요.

한국보다 온라인이 더 빠른 중국도 양상은 비슷합니다. 온라인 안에만 머무는 콘텐츠보다 오프라인까지 연계된 콘텐츠가 아무래도 파급효과가 커요. 중국에 유명한 버블티 브랜드가 있는데, 온라인에 항상 줄 서는 얘기가 올라와요. 한국에 블루보틀 막 들어왔을 때처럼요. 그런 얘기가 돌면 결국 가보고 싶어지거든요. 그런 효과가 계속 펼쳐진다고 생각해요. 한국도 그렇고 중국도 그렇고 전 세계가 다 그렇죠. 온라인상에서 화제가 되어야 하지만, 오프라인을 기반으로 했을 때 효과도 크고 오래갈 수 있어요.

온라인상에서 가상으로 만든 매력적인 것보다, 오프라인에 실물이 있고 경험할 수 있고 사람들이 찍어 올릴 수 있게끔 만든 것에 더 반응한다는 말씀이죠?

네. 일례로 저희가 웹상에서 얼굴을 찍으면 선글라스가 입혀지는 시도를 해봤는데, 생각보다 반응이 크지 않았어요. 이걸 오프라인 매장과 엮으면 훨씬 반응이 클 거라고 생각해요. 예전에 중국에도 쇼윈도에 서면 내게 어울리는 옷을 추천해주는 매장이 있었어요. 이런 것들을 볼 때 오프라인의 경험과 온라인이 섞였을 때 효과가 훨씬 크다는 전제를 깔고 모든 활동을 전개하고 있습니다. 브랜딩뿐 아니라 제품도요.

누군가의 안경을 사진이나 영상으로 찍으면 타 브랜드와 저희 제품이 다 똑같아 보이거든요. 소재가 무엇이고 중량이 얼마인지 등을 디테일하게 만져보지 않는 이상 100만 원짜리랑 10만 원짜리 구분이 없어요. 그래서 더욱더 '젠틀몬스터는 특이하다'는 말을 들으려고 노력합니다. 저희가 매년 60여 종의 신제품이 나오는데 그중 20~30개는 일상에서 쓰지 못할 제품이에요. 저희 같은 사람들이 쓰고 나가면 미쳤다는 소리를 듣는 제품이죠. 그런데 그런 게 이미지로 보여졌을 때 사람들이 멈추는 거죠. '어? 얘네 진짜 이상하다.' '와, 얘네는 진짜 미쳤다.' 반면 단점은 '내가 쓸 게 없네'라는 거겠죠. 하지만 저희 매장을 와보면 나머지 30종은 다 쓸 만한 거니까 충분히 고르실 수 있어요.

5년 전만 해도 저희가 듣고 싶었던 말은 '아이웨어에서는 얘네가 1위다'는 것이었어요. 그래야 디지털 세상에서 살아남을 수 있다고 생각했어요. 그래서 예전에는 전체 컬렉션이 50개면 그중 특이한 제품은 2~3개밖에 안 만들었어요. 나머지는 팔아야겠다고 생각했죠. 그러다 그 수를 점점 늘려가고 있습니다. 우리는 다르다는 걸 보여주고 싶으니까요. 그래서 저희도 다 기억 못할 만큼 정말 독특한 제품이 나오기 시작했습니다.

일명 눈알가리개라고 불리는 얇은 것, 다크서클만 가리는 것, 머리부터 뒤집어쓰는 것, 얼굴을 전체적으로 CD 모양의 렌즈로 가리는 것 등등. 그런 제품들이 온라인과 오프라인을 이어 줘요. 그런 제품을 포스팅했을 때 디지털에서 훨씬 더 영향력이 커져요. 또 이 제품을 오프라인에 비치하면 파급 효과가 배가되죠. 사람들이 일반적인 제품은 SNS에 절대 올리지 않거든요. 일반적인 디자인을 구매하되, 독특한 제품을 쓰고 사진을 찍어 올립니다. '나 웃기지?' 하면서요. 그런 점에서 저희에게 반드시 필요한 제품이죠. 우리가 멋있다고 느끼게 하고 우리 디자인의 독창성도 보여줄 수 있거든요. 그래서 더욱더 공간과 제품에 이런 요소를 많이 섞으려고 노력합니다.

사람에 집중할 뿐, 매체를 쫓아다니지 않는다

요즘 밀레니얼 세대나 Z세대에 대한 관심이 크잖아요. 페이스북이 지고 틱톡이 뜬다든지 하는 얘기도 많은데, 젠틀몬스터가 생각하는 '요즘 세대'의 기준은 무엇인지 궁금합니다. 주목하는 채널이 뭔지도 듣고 싶고요.

저희가 가장 많이 받는 질문이 주요 고객층 연령대가 어떻게 되냐는 건데, 사실 너무 애매한 게 10대도 우리 제품을 살 수 있고 50대도 좋아하시거든요. 젊은 채널이라고 하는 유튜브에 50대 구독자들이 정말 많다잖아요. 그러다 보니 저희도 연령대로 구분하는 건 무의미한 것 같아요. 이제는 모든 사람이 크리에이터인 세상이잖아요. 틱톡이 됐든, 유튜브가 됐든, 인스타그램이 됐든 누구나 자기 생각을 표현하니까요. 연령대 구분 없이요. 예전에는 셀럽이 쓰면 팔로우하는 사람들이 그걸 살 거라고 생각했죠. 이게 5~10년 전의 생각이라면 저희가 요즘 하려는 건 개개인이 어떻게 하면 그들이 원하는 걸 살 수 있을까, 그리고 그 사람이 우리에 대한 내용을 얼마나 잘 올려줄 수 있을까, 그리고 그걸 퍼뜨릴 수 있을까 하는 것입니다. 모든 사람이 콘텐츠 크리에이터니까요. 어떻게 하면 저희 고객들이 우리 얘기를 한마디라도 더 하게 만들지를 고민하죠. 그리고 아직 우리 고객이 아닌 사람들이 어떻게 하면 우리 제품을 한 번이라도 보게 할 수 있을까를 고민해요. 이 두 가지가 가장 중요합니다.

그다음에 이 사람들 각자에게 집중하려고 노력해요. 예를 들어 저희가 신사동에 서비스 센터를 운영하는데, 대개의 서비스 센터는 대기표 뽑고 기다렸다가 차례가 되면 상담하는 식이잖아요. 그런데 저희는 예약을 받아요. 1시간에 한 명씩, 30평 정도 되는 공간을 오직 한 명을 위해서만 운영합니다. 저 사람은 인스타그램 팔로우가 100명이고 이 사람은 아예 안 하지만 이 사람 또한 크리에이터가 될 수 있다고 생각하는 거예요. 그 한 명은 그 공간에서 안경 수리도 받고 다과도 먹고 영상도 보고 쉬기도 하고 사진도 찍어요. 저희 고객이라면 그런 권리를 누릴 가치가 있다고 생각하거든요. 각 도시에 그런 공간을 하나씩 만들면 더 많은 사람들이 크리에이터가 될 수 있을 테고요. 더 느리게 확산되겠지만 더 깊이 있다고 생각해서 그렇게 하려고요. 누구나 크리에이터가 될 수 있다는 것이 디지털 세대의 생각인 것 같아요.

어떤 채널에 사람들이 모여들 것이다, 이런 것보다는 사람들이 각자 가장 자신 있는 채널로 입소문을 낼 것이라고 생각하시는 거군요. 카톡이든 틱톡이든 유튜브든.

네. 저희는 지금까지 단 한 번도 블로그가 대세이니 블로그에 작업을 많이 하자, 아니면 인스타가 대세이니 이제 인스타로 하자, 이런 적이 없어요. 사람들이 틱톡으로 갈아타든 뭘로 갈아타든 우리가 제대로 하면 제대로 된 콘텐츠가 만들어질 테고, 그러면 사람들은 그걸 퍼뜨릴 거라고 줄곧 믿고 있습니다. 얼마 전에 중국에서 화웨이 제품을 론칭하는 자리에서 중국 사람들이 다 틱톡으로 찍고 있더라고요. 그 제품의 다리를 톡톡 치면 다음 음악으로 넘어가는 시스템이거든요. 저희는 의도하지 않았는데 사람들이 알아서 그렇게 찍고 있는 거예요.

저희는 사람들이 이 부분에서 사진을 찍을 거야, 이걸로 영상을 찍으면 좋겠다 정도만 생각하지 어떤 식으로 퍼질지는 그다지 고민하지 않는 편이에요. 철저히 사람에 집중해야지, 우리 콘텐츠가 어디로 퍼질지에 집중하다 보면 정말 중요한 걸 놓친다고 생각해요.

고객에게 집중하고 말할 거리를 주면 그걸 고객이 해석해서 자기만의 방식으로 바이럴을 할 거라는 거죠?

저희 공간이 그렇게 해서 퍼졌죠. 그 진리는 변하지 않는다고 생각해요. 20년 전에는 구전으로, 10년 전에는 네이버 블로그 같은 걸로 퍼졌다면 지금은 또 다른 형태로 퍼지겠죠? 사람들에게 영감을 줄 수만 있다면 채널이 어떻게 바뀌더라도 자신 있는 거죠. 그래서 채널 자체보다는 본질에 집중하고 있습니다.

3장

DIGITAL AGE

디지털 시대의
브랜딩

적응가능성을 높이는 8요소 :
READY, SET, GO!

1장에서는 디지털 시대를 살며 변화하는 소비자와 이를 따라가는 기업에 대해, 2장에서는 변화를 주도하는 디지털 세대 소비자들은 과연 무엇을 입고 먹고 즐기는가에 대해 이야기를 나누었다. 디지털 시대를 이해하고 디지털 세대가 소비자로서 어떤 성향을 갖고 있는지 파악했다면, 이제는 디지털 시대에 브랜드가 살아남기 위한 방법을 모색할 차례다. 지속가능한 브랜드를 만들기 위해서는, 빠르게 변화하는 디지털 세상에 브랜드 자체의 적응가능성을 높이는 체질개선이 선행되어야 한다.

학창 시절 달리기 시합 때 출발선에서 '제자리에' '준비' '땅!'

신호와 함께 힘껏 달려나갔던 기억을 떠올려보자. 특히 단거리 달리기에서는 출발 자세가 중요하고 얼마나 빠르게 스타트하느냐에 따라 기록이 달라진다. 기록을 가장 쉽게 단축할 수 있는 구간이 바로 이 스타트 단계다.

변화하는 디지털 시대에 제대로 적응하기 위한 노하우를 달리기의 스타트 단계에서 배울 수 있지 않을까? 스타트 단계의 미세한 차이로 경기 결과가 달라지듯, 빠르게 변화하는 디지털 시대를 맞아 적응가능성을 높이려면 스타트 단계부터 점검해야 한다.

그래서 3장에서는 달리기의 스타트와 같이 'Ready(준비)-Set(자세 잡기)-Go(출발)'의 3단계로 나누어 적응가능성을 높이기 위한 8가지 요소를 다루고자 한다.

첫 번째 'Ready' 단계에서는 디지털 시대를 살아가는 브랜드가 반드시 갖추어야 할 기본요소를 점검해볼 것이다. 브랜드는 외부적인 변화 요소에 대해 유연한 시각을 유지해야 한다. 아울러 외부의 변화를 정확하게 읽어낼 수 있는 잣대를 가져야 한다. 외부의 변화가 브랜드에 영향을 미쳤을 때에는 진솔하고 솔직하게 대응해야 한다.

두 번째 'Set' 단계는 변화에 대한 적응성을 브랜드에 내재화하는 과정이다. 끊임없는 변화에 적응하는 노하우는 역설적이

디지털 시대의 브랜딩

READY 기본 단계	SET 준비 단계	GO 실행 단계
1.변화되기 전에 변화에 적응하라	4.자신만의 관점을 담아 제안하라	7.고객을 리드하지 말라
2.데이터를 읽되 맹신하지 말라	5.예측 불가능으로 다가가라	8.제대로 빨리 움직여라
3.전제조건은 투명함이다.	6.멋있는 브랜드가 되려 하지 말라	

게도 자기만의 취향을 발견하는 것이다. 개성 있는 힙합 가수
들 무리에서 발라드 가수가 되라는 이야기가 아니라, 그 안에
서도 자신만의 색깔을 잃지 않는 힙합 가수가 되라는 의미다.
뻔한 브랜드는 주목받기 힘든 시대다. 자신만의 개성을 끊임없
이 변주해 반전 매력이 있는 브랜드를 만들어가고자 노력해야
한다. 이때 멋진 것도 중요하지만 살갑게 잘 어울리는 브랜드
특성을 길러나가는 것도 중요하다. 이는 쉽게 짐작할 수 없는
소비자들과도 끊임없이 소통할 수 있는 능력으로 이어질 것이
다.

마지막 'Go' 단계는 브랜드가 키워온 적응력을 외부로 확장하는 단계다. 브랜드 특성을 일방향으로 전달하기보다는 고객과 소통하면서 자연스럽게 브랜드 특성이 고객에게 스며들도록 만들어야 한다. 이러한 준비가 갖춰졌다면, 브랜드를 키워갈 수 있는 전략을 직접 실행해봐야 한다. 브랜드 전략 모델을 심사숙고해서 꼼꼼하게 만들다가는 뒤처지기 십상이다. 좋은 아이디어가 있으면 일단 시장에 던지고 반응을 살피며 고쳐가자. 디지털 시대를 사는 브랜딩은 빨라야 한다. 제대로 빨라야 한다.

다시 학창 시절을 떠올려보자. 100m 달리기 출발선, 준비가 제대로 되어 있지 않은 상태에서 마음만 급해 무리하게 뛰다가 다리에 쥐가 나거나 몸이 뒤로 젖혀지는 바람에 가속도가 붙지 않아 형편없는 기록을 낼 때가 있다. 아니, 서두르다 넘어지는 바람에 기록조차 못 남기기도 한다. 디지털 시대의 브랜딩도 마찬가지다. 시대 흐름에 맞춰 신나게 달려가려면 기본 준비가 중요하다. 그 노하우를 하나씩 살펴보자.

1. 변화되기 전에 변화에 적응하라

20세기 초반에 한 사람이 평생 받아들였던 정보량을 디지털 시대에는 하루면 접한다는 이야기가 이제는 놀랍지 않다. 정보가 들어오는 채널도 많고 쏟아지는 정보량도 막대한 오늘날에는 시장을 앞장서서 변화시키기는커녕 어떤 변화가 일어났는지 미처 알아채지도 못한 채 뒤처지는 경우가 흔하게 발생한다. 그래서인지 '변화에 민감해야 한다', '변화를 읽어라', '변화에 대응해야 한다'는 조언이 넘쳐난다. 그러나 도대체 변화에 어떻게 대응해야 할지 모르겠다. 아니, 대응이라는 말의 의미조차 모호할 때가 많다.

빙그레 바나나맛우유, 태극당, 모나미, 맥심 모카골드, 메로나… 연령대와 상관없이 대부분의 사람들에게 익숙한 브랜드일 것이다. 세월이 흘러도 브랜드를 유지하는 것을 넘어 세대를 거듭해가며 고객을 창출해내는 이 브랜드들은 빠른 변화에 뒤처지지 않고 어떻게 시대의 변화에 적응할 수 있었을까? 일례로 모나미는 불과 몇 년 전만 해도 값싸고 무난하게 써지는 볼펜으로만 인지되었다. 브랜드 가치나 제품 자체에 매력을 느껴 구매하는 이들은 많지 않았다. 하지만 지금은 고객에게 모나미만의 특별한 인상을 남기는 브랜드가 되었고, 모나미 컨셉스토어는 한 번쯤 방문하고 싶은 장소로 알려졌다. 몇 년 사이에 어떻게 이런 변화가 가능했을까?

우선 볼펜을 구매하는 고객들의 주요구매동인(key buying factor)이 어떻게 변화했는지 들여다볼 필요가 있다. 볼펜을 구매하더라도 필기구 이상의 의미를 두지 않았던 사람들의 니즈가 점차 다변화되고 있다. 이제는 글씨 쓰는 용도로만 여기지 않고 다양한 필기감과 디자인을 섭렵하며 내게 꼭 맞는 펜을 찾으려는 펜 동호회까지 생겨났다. 누구나 쓰는 브랜드와 제품이 아니라 내게 꼭 맞는 브랜드, 나만 소유하는 것에 대한 니즈가 커졌기 때문이다.

여기에 최근의 뉴트로 열풍도 한몫했다. 아날로그 시절의 브랜드를 경험해보지 못한 밀레니얼 및 Z세대에게 모나미 볼펜처럼 오래된 제품은 독특한 감성을 불러일으킨다. 모나미 컨셉 스토어는 이 감성에 정확히 부응했다. 이곳에서는 다양한 제품을 둘러보고 구매할 수 있는 것은 물론 10가지가 넘는 색상의 볼펜대, 볼펜머리, 똑딱이, 스프링을 직접 조립해볼 수도 있다. 3만 가지 이상의 조합이 가능하니 말 그대로 '나만의 볼펜'이 생기는 것이다. 상당 시간을 이곳에 머무르며 색과 디자인을 고르고 조합하여 완성하고 최종 필기를 해보기까지, 단 500원으로 할 수 있는 색다른 경험이 누군가에게 추억을, 또 다른 이에게는 새로움을 선사한다.

그런가 하면 기존 모델의 외형과 디자인은 유지하면서 몸체를 금속으로 하고 필기감을 극대화한 1만~2만 원대 고급라인을 출시해 하루 만에 1만 개의 제품이 품절되기도 했다. 정체성을 유지하면서도 변화의 흐름에 적응함으로써 모나미는 오래되고 낡은 브랜드에서 고객의 마음을 읽는 세련된 브랜드로 자리잡는 데 성공했다.

정체성을 지키면서도 변화에 적응하여 시대가 달라져도 늘 한결같은 이미지를 전달하는 브랜드로 '컨버스'를 빼놓을 수 없다. 컨버스를 떠올리면 '10~20대가 많이 신는' '젊고' '편안한' '언제나 자유로운' 이미지, 누구나 한 번쯤 신어본 브랜드를 연

뉴트로 열풍에 '나만의 것'에 대한 니즈까지 충족시킨 모나미 컨셉스토어 (출처 : 모나미 홈페이지)

상한다. 그렇다면 이 젊은 브랜드는 몇 살이나 되었을까?

컨버스는 미국에서 1908년 출시된 브랜드다. 그러나 110년

이 넘은 장수 브랜드임을 아는 사람은 많지 않다. 그만큼 젊다는 뜻이다. 100년이 넘은 브랜드 중에 아직까지 초창기의 명성을 이어가는 브랜드가 몇 개나 될까? 그중 젊은 세대와 공감한다는 이미지를 주는 브랜드는 몇 개나 있을까? 쉽게 떠올리기 어려울 것이다.

컨버스는 세계에서 가장 많이 판매되는 신발로, 젊은이들에게 젊음과 진정한 자유의 대표적 상징으로 100년 넘게 꾸준히 사랑받고 있다. '오래된 브랜드는 젊지 않다'는 고정관념을 보란 듯이 깨뜨리며 말이다. '젊음의 상징'이라는 브랜드 정체성을 시대와 타깃 고객이 원하는 바에 맞춰 다양한 방식으로 적응한 결과다. 그 덕분에 사람들은 저마다 자신이 경험했던 젊음의 이미지로 컨버스를 떠올린다.

빠르게 변화하는 트렌드와 고객 니즈에 '맞설지 쫓아갈지'의 기로에 선 브랜드도 있고, 이런 선택조차 할 여유 없이 울며 겨자 먹기로 변화되는 브랜드도 많다. 변화의 소용돌이를 뚫고 살아남아 영속하는 브랜드가 되려면 지속가능성이라는 거시적 관점의 고민에 집중하기에 앞서, 빠르게 변화하는 흐름에 순간순간 대처할 수 있는 적응가능성을 최대치로 높여야 한다. 기존에 수립한 전략적 판단만을 고집하지 말고 변화에 유연하게 반응해야 한다. 그러려면 고객과의 관계 맺음을 통해 이들의 니즈를 읽고 적용하고 반응을 살피고 보완해가는 노력이 필요하다. 이를 통해 수동적으로 변화되지 않고 능동적으로 변화에 적응하는 역량, 즉 적응가능성을 높일 수 있을 것이다.

2. 데이터는 필수, 그러나 맹신하지 말라

우리가 일상에서 말하고 표현하는 것 중 자신의 의도대로 전달되는 것은 얼마나 될까? 인간의 심리는 개인의 특성과 처한 환경에 따라 예측이 무의미할 만큼 천 갈래 만 갈래로 나뉜다. 더욱이 이런 마음을 솔직하게 표현하지도 않는다.

2018년 개봉한 영화 〈완벽한 타인〉에서는 누구나 3가지 모습이 있다고 말한다. 사람들 앞에서의 '공적인 나', 사람들 뒤에서의 '사적인 나', 그리고 아무도 모르는 '비밀의 나'가 그것이다. 이처럼 우리는 알기 어려운 존재, 때로는 자신조차 100% 알지 못하는 존재다. 내가 하는 일, 몸담은 회사, 경쟁 브랜드의 정체성은 끊임없이 고민하고 연구하지만 막상 나의 정체성이 무엇인지 질문을 받으면 머뭇거리다 어색하게 웃기만 하지 않는가? 나를 가장 잘 아는 사람은 나여야 하는데 그런 나조차 내 정체성이 무엇인지 곧바로 말하기가 어렵다.

그래서 타인을 완벽하게 이해하는 것은 불가능하다고 여겨지기도 했다. 그런데 최근 타인의 속마음을 간파할 수 있는 가능성이 열렸다. 익히 알려진 빅데이터 기술 덕분이다. 우리는 자신의 진짜 모습이나 원하는 바를 겉으로 표출하지 않지만 흔적으로는 남긴다. 빅데이터 기술이 발전하면서 사람들이 쏟아내는 수많은 데이터를 통해 그들의 미충족욕구(unmet needs)를 찾는 것은 더 이상 불가능한 일도, 어려운 일도 아니게 되었다.

그러나 한편으로 이런 의문이 든다. 엄청난 로데이터(raw data)를 확보한다 해서 사람들의 미충족욕구를 찾아낼 수 있을까? 배너광고를 보고 호기심에 클릭 한 번 했다가 그다음부터 인터넷 창을 열 때마다 비슷한 제품 광고가 따라다닌 경험, 다들 한 번씩 해보았을 것이다. 지긋지긋하게 따라다니는 광고에 지쳐 일부러 다른 제품을 클릭했다는 웃지 못할 이야기도 들린다. 기업은 소비자의 검색정보와 데이터를 기반으로 그가 원하는 광고를 제시했다고 생각하지만 이 또한 특정 알고리

디지털 시대와 노는 법

즘을 통해 걸러진 단편적인 정보일 뿐이며, 그조차 왜곡되었을 가능성이 있다.

지금까지 데이터 활용은 사람들이 남긴 흔적(data log)이 그들의 진짜 속마음, 그들이 원하는 것을 보여준다는 가정 하에 진행되었다. 이 흔적을 따라가 원하는 것을 파악해 고객에게 '짜잔~ 당신이 찾는 게 이거였지?' 하고 보여주는 식이다.

그러나 이제는 데이터조차 말하지 않는 진실까지 파악해야 한다. 데이터가 말하지 않는 진실, 고객의 숨겨진 니즈를 찾으려면 어떻게 해야 할까?

'Everything Store', 말 그대로 모든 것을 판매하는 곳을 지향하며 온라인 유통의 절대강자로 자리매김한 아마존이 오프라인 매장인 '아마존북스'나 '아마존고'를 확대하는 이유에서 단서를 찾을 수 있다.

온라인 공룡 아마존이 매출을 더 확대하기 위해 오프라인 매장에 힘을 쏟는 것은 아닐 것이다. 누군가는 온라인 사업의 특성상 고객과의 직접적인 접점(touchpoint)을 확보하기 위해서라고 해석하기도 한다. 고객의 니즈를 더 면밀히 파악하는 공간으로 활용한다는 것이다. 하지만 온라인에서 확보한 데이터가 이미 엄청난데 굳이 오프라인 매장을 확장할 필요가 있을까?

이러한 흐름은 Z세대나 밀레니얼의 구매의사결정 과정을 살펴보면 이해가 된다. 이들은 디지털에 익숙하지만 구매의사결정은 온라인 검색만으로 하지 않는다. 온라인에서 정보를 얻고 오프라인에서 직접 만져보고 경험해본 다음에 선택한다. 오히려 디지털 나이가 젊을수록 오감으로 체험할 수 있는 오프라인 경험에 반응하고 최종 의사결정을 내린다.

이를 아마존의 오프라인 매장 확대 전략에 대입해보면 그들의 의도를 유추해볼 수 있다. 즉 체험과 감성적인 교감을 통해 직접경험을 선사하고 고객경험 동선, 구매패턴, 연령/성별에 따른 취향 및 접점의 우선순위를 파악함으로써, 고객이 말하지 않고 어쩌면 고객 자신도 모르는 미충족욕구를 찾기 위해서다. 고객에 대한 정량 데이터가 월등히 많은 온라인 채널뿐 아니라, 비록 절대량은 적지만 고객의 말하지 않는 니즈와 정성적 데이터까지 파악하기 위해 오프라인 채널을 가동하는 것이다.

영국의 글로벌 매거진 〈모노클(Monocle)〉은 창간 4년 만에 이익을 내기 시작하며 발행부수 기준으로 연 7% 성장을 이어가고 있다. 국내외 많은 매거진이 폐간하는 실정을 감안하면 실로 놀라운 성적이다. 왜 다른 매거진은 힘든데 〈모노클〉만 잘나갈까? 혹자는 가장 핫한 트렌드를 비즈니스, 여행, 문화, 디자인 등의 세션으로 세련되게 소개했다는 데에서 이유를 찾지만,

그것 때문만은 아닐 것이다. 이들의 성공에는 지면을 넘어 〈모노클〉이 전하려는 지향점을 보고 듣고 경험하게 해주고, 고객이 말하지 않는 세세한 니즈까지 파악하려는 노력이 있었다.

〈모노클〉은 매거진 발행에 머무르지 않고 컨퍼런스, 모노클 숍 등 고객을 직접 만나는 활동 및 공간을 적극적으로 활용한다. 창업자이자 발행인인 타일러 브륄레(Tyler Brule)는 오프라인 매장을 만든 배경을 두고 "매거진 회사가 직접 통제할 수 있는 환경을 조성해 매거진 소비환경을 바꾸고 소비자와의 커뮤니케이션이 일어나는 공간을 만들어보고 싶었다"고 했다.

구독신청 시 받아보는 고객의 기본 데이터로 그들의 니즈를 간접적으로밖에 파악할 수 없지만 오프라인 공간과 활동에서는 고객의 특성을 눈으로 확인할 수 있다. 런던, 뉴욕, 도쿄, 홍콩 등에서 운영 중인 모노클숍과 카페는 그 지역의 마니아 층을 모이게 하는 주요 거점이자, 그들이 어떤 브랜드를 사용하고 어떤 옷차림을 하며 어떤 대화를 나누는지 알게 하는 좋은 커뮤니티 역할까지 한다.

결국은 고객접점이 온라인이냐 오프라인이냐의 문제가 아니다. 디지털 시대에는 어떤 접점을 통해서든 사람들이 자신도 모르게 흘리는 '말하지 않은 진실(데이터)'을 파악하는 것이 중요하다. 데이터를 취합할 수 있는 접점도 단순히 온라인 대 오프라인으로 나뉘지 않고 각 영역에서 더 촘촘히 세분화되는 중이다. 가령 오프라인에서도 비대면을 선호하는 요즘 소비자들의 성향을 반영해 사람과의 접촉을 최소화하는 언택트(un-tact) 방식을 적극 도입하는 것처럼 말이다.

데이터는 필수다. 그리고 이미 소비자는 24시간 그들의 니즈를 직간접적으로 말하고, 흘리고 있다. 그러나 고객이 쏟아낸 데이터와 숫자는 우리가 분석하고 파악해야 할 최종 대상이 아니다. 더 중요한 단계는 이를 발굴하고 다듬어서 어떻게 사용할 것인가다. 데이터를 수집하고 분석하는 목적은 직접 말하지 않는 고객의 니즈를 파악하기 위해서이고, 수집된 데이터를 분석하고 인사이트를 도출해 고객의 언어로 다시 표현하는 것은 결국 사람이 하는 일이다. 흔히 '그걸 꼭 말로 해야 알아?'라고 하는 것처럼, 누군가의 니즈를 파악하는 일은 마음을 찾는 숨바꼭질과도 같다. 디지털 시대일수록 데이터 읽는 데에만 그치지 말고 데이터가 말하지 않는 이면을 보기 위해 노력해야 한다.

3. 전제조건은 투명함이다

　브랜드에 대한 관심이 나날이 커지고 있다. 디지털 시대 소비자들이 특히 그렇다. 과거에 비해 브랜드 중심의 소비가 일상화되었고 브랜드 자체에 대한 관심이 높아졌다는 의미이기도 하지만, 단순히 그것만을 뜻하지 않는다. 이제 소비자들은 자신이 소비하고 경험하는 브랜드의 스토리까지 확인하고 검증한다. 이 브랜드가 어떻게 시작되었고 창업가는 어떤 철학과 비전을 가지고 브랜드를 만들었으며, 사회 구성원으로서 이 브랜드가 얼마나 건강하고 의미 있는 메시지를 전달하는지까지 꼼꼼하게 챙겨본다.

파타고니아가 인기 있는 것은 가격이 저렴해서도 디자인이 특출나서도 아니다. 환경을 생각한다는 그들의 비전을 고객이 알기 때문이다. 러쉬가 꾸준히 인기 있는 이유는 품질이나 서비스 외에도 성소수자의 인권을 존중하는 등의 기업철학에 대한 공감이 있어서다. 사람들은 최종 결과물로서의 브랜드뿐 아니라 시작되고 만들어지는 과정으로서의 브랜드 역시 중요하게 여긴다. 어느 산업에서나 기업의 역량이 상향평준화되어 기능적인 혜택에서 거의 차별화되지 않다 보니 감성적이고 가치중심적인 혜택에 더욱 민감하게 반응하는 것이다.

Z세대를 정의하는 특성 가운데 하나가 'Generation with Voice'라는 표현이다. 한국사회가 민주화된 이후 젊은 세대는 점차 사회 이슈에 무관심해졌다. 설령 관심 있다 하더라도 그 목소리는 크지 않았다. 사회 분위기가 그랬고, 표현할 수 있는 채널도 부족했다. 하지만 이제는 많은 젊은이들이 젠더, 인권, 윤리 등의 이슈에 대해 자기 생각을 명확하게 표현하고 행동으로도 옮긴다.

과거에는 범죄 또는 비극으로만 비춰졌을 강남역 화장실 살인사건이나 구의역 스크린도어 사고에 대해 수많은 사람들이 목소리를 내고 현장을 방문하고 잘못된 점을 비판한다. 환경을 위해 텀블러를 가지고 다니고 마트에 갈 때 장바구니를 챙기는

불필요한 환경오염과 자원 낭비를 경계한 파타고니아의 'Don't Buy This Jacket' 광고 캠페인
(출처 : 파타고니아 홈페이지)

러쉬의 퀴어 캠페인 (출처 : 러쉬 페이스북)

습관에도 익숙해졌다. 직장이나 학교에서 젠더 문제나 갑질 등 인권 이슈에 대해서도 적극적으로 나선다. 과거에는 이 정도는 관행이다, 뭐가 문제냐고 했을 법한 사회 통념이 빠르게 바뀌고, 소비자나 구직자로서 기업이나 브랜드를 선택하는 데 중요한 기준이 되어가고 있다.

특히 불공정과 불의를 참지 않는다. 자신이 옳다고 생각하는 바를 주장하며 기업의 변화를 유도하고, 기업이나 브랜드의 행동이 자신의 신념과 가치관에 배치될 경우 그저 비난하거나 외면하는 데 그치지 않고 불매운동을 조직하는 등 적극적으로 움직인다.

2019년에 있었던 배달의민족 쿠폰 이벤트가 대표적인 사례다. 잘 알려졌다시피 배달의민족은 편리한 서비스와 차별화된 브랜딩으로 큰 인기를 얻고 있는 기업이며, 특히 대학생이나 사회초년생 등 20대 젊은 층 가운데 '배민 팬'을 자처하는 이들도 많다. 그런 배달의민족도 공정성 이슈를 비켜가지 못했다. 프로모션 차원에서 쿠폰 이벤트를 실시하면서 연예인이나 인플루언서들에게 다량의 할인쿠폰을 제공했다가 문제가 터졌다. 똑같은 이용자를 차별한다는 비판은 불매 여론으로 번졌고, 급기야 배달의민족은 이벤트를 중단하고 공식 사과를 하기에 이르렀다. 이처럼 아무리 자신이 좋아하는 브랜드라도 잘못

> "갑질 논란이 있는 브랜드는 안 쓰게 돼요. 엄마가 그런 회사 제품 사오면 다른 거 사자고 이야기하고요. 그런 이슈가 크게 터진 브랜드들은 가급적 안 쓰려고 해요." (대학생 인터뷰)
>
> "반대로 사회적으로 긍정적인 영향을 끼치거나 좋은 행동을 많이 해서 쓰는 브랜드도 있어요. 오뚜기 같은 거. 저는 프라이탁 좋아해요. 마리몬드도 진짜 많이 써요." (대학생 인터뷰)

한 것은 잘못이라며 따끔하게 비판하는 것이 오늘날의 소비자들이다.

과거에 비해 다양한 채널에서 훨씬 많은 정보를 접하는 디지털 시대의 소비자들이 자신의 목소리를 내고 행동하는 것은 당연한 흐름이라 할 수 있다. 게다가 지금은 저성장이 고착화되면서 경쟁은 치열해지고 똑같이 노력해도 돌아오는 보상은 줄어들고 있다. 급기야 부모보다 잘살지 못하는 첫 번째 세대가 될 것이라는 암울한 전망까지 나온다. 많이 공부하고 노력했지만 결과는 미미하고 미래를 낙관하기도 어렵다. 이 모든 것이 젊은 세대가 목소리를 높이는 데 영향을 미쳤을 것이다. 현실이 부당하다고 느낄수록 과정이 공정하고 기회가 공평한지 의구심을 갖게 된다. 결과는 물론 과정의 적법성을 깐깐하게 검증하고 조금이라도 잘못된 점이 드러나면 문제제기하고 관련

여론을 형성한다. 최근 들어 소비행위에 자신의 정치적, 사회적 신념을 적극적으로 표출하는 '미닝 아웃(meaning out)'이라는 말이 등장한 것도 같은 맥락이라 할 수 있다.

이러한 흐름은 기업과 브랜드에도 많은 변화를 가져왔다. 이미 많은 기업에서 사회공헌(CSR) 프로그램을 운영하고 있지만, 냉정히 말해 기업 브랜드의 이미지를 좋게 하기 위한 목적이 컸던 게 사실이다. 그러던 기업들이 이제는 보다 적극적으로 사회와 고객의 목소리를 반영하기 시작했다. 겉으로 보이는 대외활동에 치중하던 모습에서 탈피해 브랜드 철학은 물론 원재료, 제작공정 등 과거에는 거의 신경 쓰지 않던 것까지 하나하나 챙긴다. 소비자들 또한 이러한 활동을 기준으로 좋은 기업인지 아닌지 판단한다.

기업의 과실을 어느 선까지 인정할 것이며 그 위기에 어떻게 대응할지 판단하는 기준과 방식 또한 달라지고 있다. 의도했건 아니건 간에 기업의 잘못된 행동이나 실수에 대한 사과의 내용은 물론 형식도 중요해졌다. 2019년의 임블리와 무신사의 사례가 그 변화를 극명하게 보여준다. 1인 크리에이터로 시작해 수백억대 매출을 올리는 브랜드로 성장한 임블리는 고객불만에 안일하게 대응했다가 최악의 위기를 맞았다. 신규제품에 제기된 고객들의 불만에 명확한 해명이나 해결책을 제시하는 대신 항의를 무시하거나 자신의 입장을 대변하는 데 급급했다. 뒤늦게 사과하며 대책을 제시했지만 수동적인 태도에 타이밍마저 놓친 터라 의도가 제대로 전달되지 않았고 오히려 불만만 키웠다.

임블리 사태가 잠잠해지기 전, 이번에는 무신사에서 문제가 생겼다. 마케팅 메시지에 박종철 고문치사 사건을 패러디했다가 문제가 된 것이다. 이들의 대응은 임블리와 전혀 달랐다. 사과문을 빠르게 게재한 데다 내용 또한 구체적이고 명확했다. 대표이사를 비롯한 회사의 주요 멤버들이 박종철 재단을 찾아가 사과하고, 재발방지를 위해 전 직원이 역사교육을 받았다. 이 모든 과정이 빠르게 이루어져 대중의 분노도 금방 잦아들었을 뿐 아니라 진정성 있는 기업이라 인정받으며 성장을 계속하고 있다.

투명성의 시대다. 거의 모든 것이 공개되고, 과거처럼 숨기고 덮을 수 있는 것이 많지 않다. 지금 이 순간을 잘 살아야 하는 것은 물론, 이미 지나간 과거의 일에 대해서도 책임을 져야한다. 디지털의 발달로 과거의 행동과 말이 5년, 10년이 지나도 검색되어 다시 이슈가 되지 않는가. 갑질로 절체절명의 위기를 겪었던 대한항공이나 남양유업이 아무리 재발방지를 위해 노력한다 해도, 다른 기업에서 유사한 사건이 터질 때마다 어김없이 '갑질 사례'로 함께 거론되는 것을 보라. 더욱이 과거에는 관행이라 넘기곤 했던 젠더, 윤리, 나이 등에 대한 민감도가 훨씬 높아져 기업의 존폐에 영향을 미칠 정도로 중요한 화두가 되었다.

많은 기업과 브랜드가 이러한 변화에 적응하지 못해 어려움을 겪고 있다. 그러나 해결책은 그렇게 어렵지 않다. 디지털 세대가 중요하게 생각하는 것들을 따르면 된다. 즉 다양한 이슈에 대해 높은 감수성을 유지하면서 진정성 있게 대하면 된다는 것이다. 매출을 올리기 위한 활동에만 매몰되지 않고 브랜드가 지향하는 가치를 실행하면 된다. 그것을 결과로만 보여주지 말고 과정에서도 구현하면 된다.

물론 해법이 단순하다고 해서 쉽다는 말은 아니다. 하지만 이 흐름에 적응하느냐는 생존과 직결된 문제이므로 선택을 놓고 고민하는 것은 사치다. 외부고객에 대한 커뮤니케이션은 물론 내부 조직문화를 만들어가는 데 브랜드 철학을 되새기며 실행에 옮기자. 의도치 않게 잘못했을 때에는 곧장 사과하자.

소비자들은 모든 면에서 완전무결한 브랜드를 갖고 싶은 것이 아니라, 잘못했을 때조차 투명하고 진솔한 브랜드를 원한다. 모든 과정이 투명하고 결과 역시 떳떳하다면 무엇 하나 허투루 넘기는 것 없는 디지털 시대의 고객들도 만족시킬 수 있을 것이다.

4. 자신만의 관점을 담아 제안하라

브랜딩을 잘하는 곳이 참 많다. 브랜딩의 개념과 범위에 따라 평가는 조금씩 달라지겠지만 규모와 상관없이 자신만의 브랜드 정체성을 매력적으로 보여주는 곳이 크게 늘었다. 많은 자원과 노하우를 보유한 대기업이나 차별화된 크리에이티브를 보여주는 디자이너만이 아니라 열정 넘치는 스타트업이나 동네 작은 가게의 브랜딩 또한 매력적이다.

하지만 지속가능성이라는 잣대로 보면 평가가 사뭇 달라진다. 한두 해 반짝 주목받는 곳은 많아도 3년이고 5년이고 지속적으로 유지되는 브랜드는 생각보다 드물다. 건강한 브랜드의 중요한 특성 가운데 하나로 꾸준함과 지속성을 꼽는 이유도 이 때문일 것이다.

브랜드가 힘을 잃고 사라지는 데에는 여러 이유가 있겠지만, 아이러니하게도 사람들이 좋아하는 것을 너무 열심히 제공하기 때문인 경우가 많다.

디지털 시대에 주목받는 브랜드를 들여다보면 공통점이 있다. 사람들이 열광하는 스타트업의 새로운 서비스도, 사람들이 몰리는 커피집도, 세상 힙하다는 을지로의 숨겨진 공간도 마찬가지다. 바로 그 브랜드만의 성격이 명확하다는 사실이다.

과거 미술관에서 주로 쓰였던 큐레이션이나 큐레이터라는 말이 서점은 물론 과일이나 채소를 파는 온라인 쇼핑몰에서도 일상적으로 사용된다. 이 단어의 유행에는 그 브랜드의 색깔과 취향을 알고 싶어 하는 사람들의 호기심이 반영돼 있다. 모든 사람들이 좋아하지는 않지만 몇몇 사람에게는 열광적인 관심과 공감을 얻고 그들을 팬으로 만드는 브랜드가 주목받기 시작했다. 사람들은 그 브랜드가 얼마나 유명하고 인기 있는지에는 예전만큼 관심이 없다. 그보다는 내 관심사를 어떻게 대변해줄 수 있는지, 이 브랜드가 나의 생각과 관점을 잘 보여주는지가 중요하다. 소비 대상으로서의 브랜드가 이제는 일상의 기준으로 바뀌어가는 것이다.

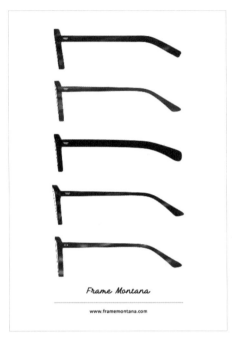

안경 덕후가 인스타그램에 론칭한 브랜드 '프레임몬타나' (출처 : 프레임몬타나 홈페이지)

디지털 시대에는 누구나 다 좋아하는 것을 담은 브랜드가 아니라, 자신이 공감하는 누군가의 특별한 관점에 반응하고 지지한다. 이것이 요즘 그렇게 중요하다고 하는 취향이자 감성이다. 베스트셀러를 모아놓은 대형서점보다는 속초의 감성이 담긴 동아서점의 큐레이션이, 프랜차이즈 커피전문점보다 성수동 로우키의 커피 블렌딩에 사람들의 관심이 몰리는 이유가 그것이다. '띵굴마님'이라는 개인이 시작한 브랜드가 3만~4만 명을 한 번에 동원할 수 있는 플리마켓 플랫폼이 되어가고, '뉴닉'이라는 뉴스 서비스가 빠른 시간에 수만 명의 회원을 모집한 것은 자신만의 분명한 기준을 제시했기 때문이다. 인스타그램을 통해 론칭해 하루 만에 3억 원 이상의 매출을 올린 프레임몬타나나 10대가 열광하는 키르시(Kirsh), 오아이오아이(OIOI) 역시 같은 맥락에서 인기를 얻고 있다.

물론 과거에도 누군가의 취향과 관점은 중요했다. 하지만 제품의 기능적인 차이가 많았던 과거에는 편하고, 빠르고, 예쁘고 등의 기준에 따라 선호하는 브랜드가 결정되었다. 하지만 요즘처럼 제품이나 서비스가 상향평준화되어 큰 차이가 없는 상황에서는 누가 만드느냐, 어떤 가치를 제안하느냐가 중요하다. 기능적 가치가 중요하지 않다는 이야기는 당연히 아니다. 기능적 가치는 기본일 뿐, 차별화된 감성적 가치를 갖지 못한 제품은 살아남기 어렵다는 것이다.

누군가의 독특한 관점이 취향을 만드는 것처럼, 브랜드의 독특한 관점과 시선은 그 브랜드의 감성적 가치를 만든다. 이 점은 특히 디지털 세대에게 중요하다. 디지털 세대는 다른 무엇보다 '공감대'라는 기준을 중시한다. 자신을 소중하게 여기는

최인아책방에서 북큐레이션을 진행한 그랜드워커힐서울의 더글라스하우스 (출처 : 그랜드워커
힐서울 페이스북)

만큼 나와 공감대가 있고 나를 대변해주는 브랜드인지가 중요
해진다.

떡볶이 가게를 오픈하거나 라면을 만든다 하더라도 누가 파
는지, 어떠한 메시지를 담아 파는지가 브랜드 성공에 영향을
미친다. 그 브랜드만의 차별화된 관점이 소비자에게 인정받고,
브랜드 소비가 그 브랜드가 지향하는 라이프스타일을 살아가
는 것으로 연결되면서 기존 문법에서는 상상하지 못했던 결과
가 나타나기 시작했다. 럭셔리 기업이 파격적인 행보를 이어가

디지털 시대와 노는 법

는 젠틀몬스터에 콜라보레이션을 먼저 제안하고, 특급 호텔이 대형서점이 아닌 최인아책방에 콘텐츠 큐레이션을 맡기는 것도, 개인 쇼핑몰로 시작한 '스타일난다'를 글로벌 뷰티 기업에서 수천억 원에 인수한 것도 '나만의 관점'을 중시하는 디지털 시대이기에 가능한 일이다.

5. 예측 불가능으로 다가가라

구독자 100만 명이 넘는 유튜브 채널 '박막례 할머니 Korea Grandma',

KFC가 출시해 화제가 된 '닭껍질튀김',

론칭 9개월 만에 누적 판매량 1000만 개를 돌파한 버거킹의 '올데이킹' 사딸라 광고,

얼굴 전체를 가리는 CD 모양, 헬멧 형태의 선글라스를 넘어 럭셔리 브랜드 펜디와 협업해 가로수길에 핫플레이스를 만든 젠틀몬스터,

'#나는_유노윤호다'라는 해시태그를 유행시킨 아이돌 유노

윤호,

‘단짠단짠’으로 대변되는 인기 음식들…

소위 ‘히트작’이라는 것을 제외하면, 이들의 공통점은 무엇일까? 유튜브, 외식 프랜차이즈, 트렌디한 아이웨어 브랜드, 인기 아이돌, 요즘 유행하는 맛… 선뜻 정의하기가 쉽지 않을 것이다. 그러나 업의 특성으로 분류하는 대신 왜 이슈가 되었는지를 파고들면 공통점을 찾을 수 있다.

바로 ‘반전’이다. 반전(反轉)의 사전적 정의는 ‘반대 방향으로 구르거나 돎, 평면 위에서 그 위의 직선을 축으로 하여 점을 대칭으로 이동시키는 일’이다. 유사한 표현인 ‘의외’는 ‘생각이 범위를 벗어난’으로, 전혀 예상하지 못함이라는 의미라 할 수 있다. 즉 일반적인 생각과 상반되는 것들을 의미한다.

조금은 생소한 표현이지만 신문방송학, 광고심리학에서 자주 언급되는 ‘신기성 효과(novelty effect)’라는 말이 있다. 신기성(神奇性)은 ‘얼마나 새롭고 호기심을 끄는 사실인가’라는 의미다. 대부분의 사람들은 처음 경험하거나 전혀 기대하지 않았던 것에 호기심을 느끼며 관심을 보인다. 이는 인간관계에서도 흔히 볼 수 있다. 반전매력이라는 말처럼, 우리는 첫인상과 전혀 다른 이미지를 보여주는 사람에게 흥미와 매력을 느끼곤

한다. 가령 아주 단정하고 평범한 스타일의 사람이 갑자기 엄청난 노래실력과 춤 솜씨를 뽐내면 관심이 쏠리는 것처럼 말이다.

앞에서 언급한 히트작들 역시 사람들이 일반적으로 갖고 있는 인식을 넘어 미처 예상치 못한 방식으로 각각의 매력을 풀어냈다는 공통점이 있다. 반전매력으로 사람들의 호기심을 유발해 관심을 집중시키고, 여기에 '재미'라는 요소를 더해 사람들로 하여금 자발적으로 공유하고 자랑하고 싶게 만들었다.

이러한 '예측 불가능(unpredictable)' 요소는 하루에 접하는 정보의 양이 측정할 수 없을 만큼 늘어난 디지털 세상에서 더욱 중요한 요소로 부각되고 있다. 이제 평균 이상의 좋은 콘텐츠와 품질로는 고객의 마음을 얻기는커녕 시선을 한 번 사로잡기도 어려워졌다. 쏟아지는 정보의 양도 양이지만, 이를 소비하는 층이 예전의 어떤 소비자보다 빠른 변화, 새로운 것, 그리고 재미와 자극을 추구하기 때문이다.

앞에서 언급한 반전 사례를 좀 더 나누어보면 두 가지 방향성이 있다. '반전 그러나 발견'과 '반전 그리고 반전'이다.

'반전 그러나 발견'은 새롭고 신선하지만 자세히 들여다보면 원래 그 브랜드가 갖고 있는 속성에서 출발한 것이다. 가령 치킨을 파는 KFC에서 닭껍질튀김을 내놓은 것은 반전으로 느껴지기는 하나 결국은 치킨과 연결된다. 이에 비해 '반전 그리고 반전'은 새롭고 신선한 반전이 계속해서 이어지는 것을 의미한다. 젠틀몬스터가 이에 해당한다. 안경 브랜드가 실제 쓰기도 어려운 디자인의 안경을 매 시즌 출시하는 것도 새로운데, 조직 내부에 향을 만드는 조향사, 빵을 굽는 제빵사, 커피를 내리는 바리스타를 채용하는가 하면 명품 브랜드와 협업하여 자신의 업과는 전혀 관계없는 디저트 카페 등을 만드는 것, 이는 누가 뭐라 하든 계속해서 반전의 반전을 만들어가겠다는 선언이자 실행이다.

젠틀몬스터 같은 감각적인 신생기업만 반전매력을 선사하는 것은 아니다. 메로나, 빠다코코낫, 초코파이, 죠스바 등 오랜 시간 국민간식으로 사랑받아온 브랜드들이 최근 고객의 변해가는 니즈에 적응하기 위해 새로운 시도를 하고 있다. 초코파이는 편집숍 비이커와 함께 가방, 티셔츠 등을 제작해 2개월 만에 완판 기록을 세웠다. 메로나는 모양을 그대로 본뜬 2080치약과 칫솔을 출시해 디지털 세대의 소장욕구를 자극했다. 변화에 적응하기 위해 기존에 통용되던 방식과 업의 경계를 과감히 뛰어넘은 것이다.

이들 사례에서 볼 수 있듯이 디지털 시대의 변화에 어떻게

KFC에서 시즌한정 메뉴로 출시해 화제를 모은 '닭껍질튀김' (출처 : KFC코리아 홈페이지)

적응해야 할지 모호할 때 콜라보레이션은 유용한 대안이 된다. 우리 브랜드에 없는 이미지, 하지만 변화에 적응하려면 반드시 필요한 이미지를 갖기 위해 다른 브랜드와 콜레보레이션을 시도하는 것이다.

　너무 많은 정보와 다양한 선택지가 존재하는 디지털 시대에 우리를 올바르게, 제대로, 자주 인지시키기란 점점 어려워지고 있다. 인지도, 이해도, 충성도를 한 번에 높이기는 거의 불가능하다. 우리가 전하고자 하는 진정성과 존재 이유를 제대로 전하려면, 무엇보다 브랜드를 만들어가는 초기에 자주 찾고 들여다볼 수 있게 해야 한다. 반전은 이를 위한 솔루션이다. 사람들이 일반적으로 갖고 있는 인식을 넘어 미처 예상하지 못한 방식으로 주제를 풀어냄으로써 관심을 집중시키고, 여기에 재미를 더해 자발적으로 공유하고 자랑하고 싶게끔 만드는 것. '예측 불가능'은 이제 선택이 아닌 필수다.

6. 멋있는 브랜드가 되려 하지 말라

　과거에는 브랜드들의 꿈이 컸다. 세상을 바꾸고 모두의 가슴 속에 잊히지 않는 아이콘이 되겠다는 의지를 가진 브랜드가 많았다. 포부가 큰 만큼 브랜드를 만들거나 새로운 브랜드 캠페인을 시작하려면 많은 노력과 시간을 들여야 한다고 생각했고, 대규모로 진행되는 것이 일반적이었다. 다양한 이해관계자의 니즈는 물론 발생할지 모르는 온갖 변수를 고려해 세심하게 기획했고, 커다란 공간에서 많은 이들을 초대해 화려한 론칭 행사를 열었다. 브랜드를 만들고 키워가는 데에는 많은 자원이 들어갔고, 자연스럽게 브랜딩이란 특별한 사람들만이 할 수 있

친근한 톤앤매너로 많은 사람들에게 사랑받는 뉴닉의 고슴이 캐릭터 (출처 : 뉴닉 홈페이지)

다는 고정관념이 생겨났다. 일단 브랜드를 만들었으면 규모를 키워야 한다는 공식도 만들어졌다.

하지만 오늘날의 브랜딩에는 이런 모습을 찾아보기 힘들다. 디지털 시대에 적응하기 위해 브랜드의 접근법이 달라졌기 때문이다. 이제는 작게 시작해서 규모나 영향력을 키워가는 것이 당연시되고, 나아가 좋은 접근법이라 여겨진다. 처음부터 다 보여주려 하지 않고 브랜드의 핵심과 사업의 본질을 드러낼 수 있는 꼭 필요한 것들 중심으로 시장에 내놓는다. 과거의 기준으로는 부족해 보일 수 있지만 완성도가 낮거나 수준이 떨어지는 것은 결코 아니다. 그저 작게 시작하면서 고객의 반응을 적극적으로 반영하는 의도된 아마추어리즘이다.

최근 주목받고 있는 뉴닉과 같은 미디어콘텐츠나 창업 10년도 안 되어 수천억대 매출을 올리고 있는 미디어커머스 기업 '블랭크'의 핵심제품들 모두 시작은 작고 조용했다. 어찌 보면 개인이 취미로 운영하는 사이트처럼 느껴질 정도였다. 운영자의 손길이 느껴지는 구성에는 그들의 생각도 자연스럽게 담겼다. 메시지나 비주얼 모두 세련되었다기보다는 친근했고, 일상의 모습과 크게 다르지 않았다.

시작이 소박한 만큼 고객과의 커뮤니케이션도 한결 친근해졌다. 10~20대의 패션 놀이터라 불리는 무신사 역시 회사라기보다는 편한 친구 같은 커뮤니티 이미지가 여전히 강하다. 거래액만 놓고 보면 어엿한 대기업이지만 그들의 이미지나 메시지, 비주얼에서 느껴지는 톤앤매너는 최근 창업한 쇼핑몰과 크게 다르지 않다. 신발과 패션에 열광하는 사람들이 만들었던 초기의 친근하고 열정적인 이미지가 여전히 살아 있고, 오히려 전략적으로 더 강조되는 느낌이다. 빠르게 성장하는 회사의 규모에 걸맞게 대규모 자본과 마케팅을 동원할 수 있음에도 무신사는 여전히 편한 친구처럼 접근한다.

10년 전만 해도 동네에 파리바게뜨나 뚜레쥬르같이 유명한 프랜차이즈 빵집이 생기면 금세 손님이 몰렸다. 대기업이 직접 운영하는 깨끗하고 체계적인 브랜드를 신뢰했기 때문이다. 하지만 이제는 프랜차이즈 브랜드보다 오랫동안 자신만의 방식과 노하우를 바탕으로 운영되는 동네빵집을 찾는 사람들이 늘고 있다. 사람들이 청결함과 체계적인 프로세스를 중요하게 여기지 않아서일까? 그럴 리는 없다. 예전보다 동네빵집의 퀄리티가 높아졌기 때문일까? 그런 이유도 있지만 이것 때문만은 아니다. 자신의 취향과 관심을 중시하는 디지털 세대가 등장하면서 개성 있는 브랜드에 대한 관심이 높아졌기 때문이다.

최근 10~20대의 일상에서 떼어놓고 생각할 수 없는 서비스인 '오늘뭐먹지', '여행에미치다', '오늘의집' 등을 보면 이러한 흐름이 더욱 실감된다. 콘텐츠로 시작한 채널이 커머스와 결합해 엄청난 매출을 올리고 있음에도 이들 서비스는 뭔가 대단한 브랜드나 채널이라는 느낌이 없다. 서비스 초기 때처럼 편하게 누구나 즐기고 참여할 수 있다. 어떻게 하면 지갑을 열게 할지 고민하며 설계된 상업적 공간에서 소비자는 으레 경계심을 갖기 마련인데 이들 공간은 그렇지도 않다. 별 생각 없이 습관적으로 방문해 콘텐츠를 즐기고 참여하게 만든다. 오래 드나들다 보니 심지어 내가 만들고 키워간다는 느낌까지 준다. 오디션

프로그램 〈프로듀스 101〉이 인기를 끌었던 이유나 인스타그램 의 유기견 관련 계정이 단시간에 몇 만 명의 구독자를 가진 채 널로 성장하는 원동력 또한 이와 다르지 않다.

　비단 스타트업 브랜드나 1인 크리에이터에게만 나타나는 현 상이 아니다. 오랜 역사와 전통을 가진 럭셔리 브랜드 역시 새 로운 접근법에 익숙해지고 있다. 미국시장에서 나이키에 이어 언더아머에게 2위 자리마저 빼앗겼던 아디다스는 정체된 브랜 드 이미지를 탈피하기 위해 알렉산더왕과의 콜라보레이션을 시도했다. 이 협업에서 아디다스는 로고를 뒤집는 파격으로 신 선한 충격을 주었다. 브랜드 정체성을 담은 비주얼 요소를 스 스로 파괴한 것 아닌가. 모르긴 몰라도 한국의 소비자들은 변 형된 로고에서 소위 '짝퉁' 이미지를 먼저 떠올렸을 것이다. IT 개발자들 사이에 아디다스 삼선 슬리퍼가 유행하자 모방품인 4선, 5선 슬리퍼가 등장했던 전례 말이다. 이제까지 어떤 브랜 드도 아주 예외적인 상황이 아닌 한 브랜드 로고를 변형하거나

컨템포러리 패션 브랜드 알렉산더왕과의 콜라보레이션에서 아디다스는 자신의 로고를 변형하는 파격을 시도했다. (출처 : 알렉산더왕 페이스북)

해체하는 것을 금기시해왔다. 하지만 아디다스는 이 콜라보레이션을 통해 기존의 규칙을 완전히 뒤엎는 새로움을 강조하고자 했다. 소비자들이 스트리트 패션에서 원하는 감성, 즉 규칙에 대한 저항, 의외성, 반전을 제품에 표현하기 위해 과감한 선택을 한 것이다.

　로고를 변형하는 시도는 브랜드 헤리티지가 생명인 럭셔

리 브랜드에도 이어지고 있다. 최근 디지털 시대에 가장 잘 적응한 브랜드로 꼽히는 구찌 역시 로고와 철자를 고객들이 다양하게 변형해 가지고 놀 수 있게 했다. 'GUCCI'라는 로고를 'GUCCY'나 'GUCCIFY YOURSELF' 등으로 변주한 것이다. 기존의 브랜드 공식, 더욱이 럭셔리 브랜드의 철칙으로는 있을 수 없는 일이다. 브랜드 관리는 이렇게 해야 한다는 명확한 규정과 두꺼운 매뉴얼을 준수했던 럭셔리 브랜드의 전략방향도 이만큼 유연해진 것이다. 브랜드라는 것이 내 마음대로 되지 않는다는 사실을 깨달은 방증일까?

시대를 대변하고 세대를 상징하는 아이콘이 되어야 한다던 브랜드의 생각이 바뀌기 시작했다. 브랜드가 선망의 대상이 되거나 아이콘화될 필요는 없다. 물론 브랜드를 운영하는 입장에서 그러한 지향점과 목표를 일부러 버릴 필요는 없지만 그것이 내 의지나 희망대로 되는 일은 아니지 않는가? 이제는 자신의 브랜드 방향성을 고수하고 고객들에게 받아들이라고 강요하는 대신 고객들이 브랜드를 가지고 놀 수 있도록, 친근하게 여기도록 해야 한다. 브랜드와 관련한 과정 하나하나를 콘텐츠로 만들어 투명하고 친근하게 커뮤니케이션해야 한다.

대한민국을 넘어 글로벌 그룹으로 인정받는 방탄소년단의 성공요인으로 빠지지 않고 꼽히는 것이 SNS를 통한 적극적인 소통이다. 여기서 공유되는 이야기는 소속사가 고르고 골라서 정한 거창하고 멋진 메시지가 아니다. 그 또래다운 개인적이고 일상적인 것들이 대부분이다. 멤버들이 데뷔 이후, 아니 그 전부터 가졌던 생각이나 실패하고 좌절한 이야기 그리고 그것을 극복한 과정이 사람들의 마음을 움직였고, 자연스럽게 팬덤으로 이어진 것이다.

멋있는 브랜드가 되려고 하지 말자. 디지털 시대에는 억지로 되는 것이 없다. 보여주기 위해, 비교우위에 서기 위해 브랜드를 만들지 말자. 철학적이거나 현학적이기보다는 친근한 일상의 언어로 말하자. 멋있는 말로 포장하지 말고 우리 브랜드가 정말 할 수 있는 일을, 하고 싶은 일을 꾸준하게 해나가자. 그러다 보면 멋있는 브랜드, 적어도 매력적이고 차별화된 브랜드가 되어 있을 것이다. 시간은 걸리겠지만, 그것이 디지털 시대에 적응하는 가장 빠른 길이다.

7. 고객을 리드하지 말라

'ㅈㅂㅈㅇ, ㅇㄱㄹㅇ ㅂㅃㅂㄱ, ㅇㅈ? ㅇㅇㅈ, ㄷㅇ? ㅇㅂㄱ, idH'

이 중에서 의미를 아는 단어가 과연 몇 개나 되는가? 무슨 뜻인지 생각하기 전에 어떻게 읽어야 하는지부터 고민하는 분들도 많을 것이다. 그렇다면 '정보좀요, 이거레알, 반박불가, 인정? 어인정, 동의? 어보감, 배'라고 바꾸어보면? 읽기는 좀 편해지겠지만 어디에 쓰는 단어인지는 또 고민스러울 것이다.

'ㅈㅂㅈㅇ'는 10대가 가장 많이 쓰는 앱 중 하나이자 패션 및 뷰티 쇼핑 플랫폼인 '스타일쉐어'에서 고객들이 파생시킨 단어

'정보좀요'의 초성을 딴 것이다. 스타일쉐어에는 400만 명이 넘는 유저가 저마다 개성 넘치는 스타일을 업로드하는데, 이를 본 다른 유저들이 더 자세한 정보를 얻기 위해 댓글을 달면서 초성만 쓴 것이 그들만의 문화로 자리잡은 것이다.

흥미로운 점은 이를 대하는 스타일쉐어의 전략이다. 스타일쉐어는 고객들이 초성으로 댓글 다는 문화를 구경만 하지 않고 재해석하고 활용했다. "유저들이 용어를 만들어내면 저희가 할 수 있는 건 존중하는 것이죠"라는 윤자영 대표의 말처럼, 스타일쉐어는 유저들이 자주 사용하는 'ㅈㅂㅈㅇ'를 클릭 한 번으로 입력할 수 있도록 자동완성 기능을 넣는가 하면 아예 이 문자들로 한정판 제품을 만들기도 했다. 'detail's please(ㅈㅂㅈㅇ)', 'collecting(ㄷㅇㄱㅇ)' 등 고객 댓글에서 영감을 받아 그래픽으로 풀어낸 9가지 후드가 그것이다. 마치 고객에게 '여러분이 많이 쓰고 있는 표현들을 이렇게도 구현해봤어요!'라고 다시 말을 거는 것 같다.

스타일쉐어는 '스타일을 발견하고, 공유하고, 소통하는 400만 스쉐러가 만들어가는 특별한 문화'를 지향한다. 고객이 자유롭게 표현할 수 있는 놀이터(플랫폼)를 마련해 그들만의 문화를 만들게 하고, 그 문화를 통해 고객과 소통하는 선순환 구조다.

스타일쉐어 유저들이 가장 많이 사용하는 표현을 바탕으로 제작한 '톡스(TALKS) 후디' (출처 : 스타일쉐어 홈페이지)

　　지금까지 디지털 시대에 적응해야 한다고 계속 강조했지만, 모나미나 컨버스처럼 스스로 변화에 적응하는 방법을 찾기가 쉽지만은 않다. 수많은 성공사례를 보면서 '그래서 난 뭘 해야 하지?' 하며 자문하지만 답은 좀처럼 떠오르지 않는다. 변화의 흐름을 읽고 적응해야 한다는 건 알고 있지만 어떻게 해야 할지 막막할 때, 첫걸음을 좀 더 쉽게 뗄 수 있는 방법이 있다. 잘 모르면서 리드하려 하지 말고 고객에게 맡기는 것이다.

이 방식은 고객 반응에 빠르게 반응하는 스타트업에 더 익숙하지만, 기존 브랜딩 문법에 익숙한 기업도 시도하지 못할 일은 아니다. 대기업인 LG생활건강은 시트세제인 '피지'를 홍보하기 위해 '반도의 흔한 애견샵 알바생'이라는 유명 크리에이터를 섭외해 B급 동영상을 제작, 280만이 넘는 조회수를 기록했다. 유튜브의 동영상 제목은 '본격 LG 빡치게 하는 노래'로, 주말에 일을 맡긴 광고주에게 열받은 이야기로 시작된다. 모르긴 몰라도 이 영상을 본 많은 이들은 광고의 재미와 효과를 논하기 전에 어떻게 이 광고가 대기업의 의사결정 과정을 통과할 수 있었는지 궁금해했을 것이다.

과거 ATL이라 불리던 마케팅, 즉 TV나 라디오, 신문처럼 불특정 다수에게 공중에서 살포하듯 마케팅했던 시절에는 이런 의문을 가지는 게 당연했다. 예산은 많이 드는 반면 효과는 장담하기 어려워서다. 하지만 디지털 세상에서는 이런 문법을 따지는 것 자체가 무의미하다 해도 과언이 아니다. 이제는 유튜브 등 다양한 채널에서 자신이 원하는 타깃을 명확하게 설정할 수 있으며, 그들이 가장 많이 보고 즐기는 채널과 콘텐츠를 통해 타깃을 직접 공략할 수 있기 때문이다. 앞에서 말한 LG생활건강의 사례는 해당 제품과 브랜드를 젊은 층에게 인지시키길 원했고, 이들이 주로 접하는 채널에 딱 맞는 콘텐츠로 드러낸 성공적인 케이스다.

브랜드가 의도한 메시지를 일방적으로 고객에게 전달해 인지시키고자 했던 과거의 방식과 달리, 이제는 고객의 행동과 의식을 섣불리 리드하려 해서는 안 된다. 고객에게 주도권을 주고, 그들이 스스로 해석하고 확산할 수 있는 기회를 제공해야 한다.

이러한 움직임은 기업의 마케팅 전략뿐 아니라 일상에서 접하는 SNS 상의 소소한 프로모션에서도 흔히 볼 수 있다. 주로 음식점에서 많이 사용하는 홍보방식 중 하나로 해시태그 이벤트가 있다. 고객에게 특정 해시태그(이를테면 '#성수맛집', '#성수힙플레이스' 등)를 정해주고 이를 사진과 함께 개인 SNS에 올리면 무료 음료나 음식쿠폰을 주는 프로모션이다. 처음에는 제법 참신한 이벤트로 각광받았지만 지금은 효과가 시들해졌다. 참여율도 높지 않을뿐더러 설사 이벤트에 참여했다 하더라도 혜택을 받고 나면 개인 SNS에서 바로 삭제하는 이들이 적지 않다. 디지털 감성이 젊은 사람들은 인스타그램 등의 개인

SNS 계정을 자기 정체성을 드러내는 주요 채널이자 아바타로까지 여기기 때문에 내가 보여주고 싶은 모습과 다른 콘텐츠, 누가 봐도 홍보 같은 게시물을 피드에 남겨두고 싶어 하지 않는다.

이런 변화를 반영해 이제는 특정 해시태그를 정해주기보다, 자신을 잘 드러낼 수 있도록 개성 있는 크리에이티브를 고객 스스로 만들도록 유도하는 것이 대세다. 가령 '#망한여행사진대회', '#나는지금스타벅스에있습니다' 등의 해시태그는 특정 기업의 이벤트에 참여하는 목적을 부각하기보다 '나를 표현할 수 있는 재미'라고 인식되어 사람들의 자발적인 참여와 공유를 이끌어냈다. '망한 여행사진 선발대회'는 아시아 여행 액티비티 플랫폼에서 망한 여행사진을 뽑아 우승자를 다시 그곳으로 보내주는 이벤트였는데, 이를 접한 많은 이들이 이벤트 참여와 당첨이라는 목적을 넘어설 정도의 열의를 보였다. 이벤트를 보는 순간 '내가 다녀온 여행 중에서 망한 사진이 뭐가 있었지?' 하며 자연스럽게 스마트폰 사진첩을 열어보고, 깔깔거리며 추억에 젖고, 묻어두고 싶었던 망한 사진을 개인 SNS에 자랑스레 올리게 된다. 이 일련의 과정에서 이벤트라는 이질감은 대부분 희석된다. 이미 내가 즐겁고, 사진을 본 다른 사람들도 재미있어할 것이기 때문이다.

재미 요소를 통해 자연스럽게 참여를 유도한 '클룩(Klook)'의 '망한 여행사진 선발대회' (출처 : 클룩 홈페이지)

지금까지 많은 브랜드들은 '내 브랜드는 내가 정의한다', '내가 의도한 대로 세상도 우리 브랜드를 받아들일 것이다'라는 고정관념에 빠져 있었다. 그러나 디지털 시대의 소비자들은 수동적으로 제품이나 서비스를 제공받기만 하지 않는다. 아무리 브랜드가 훌륭한 메시지를 전한다 해도 자신이 주체가 되어 공감하고 경험하고 받아들여 확신하기를 원한다.

때로는 그 과정에서 자정작용이 일어나기도 한다. 스타일쉐어 사용자들은 자기들만의 용어를 만들어내는 것을 넘어 스타일쉐어 브랜드를 지키는 데에도 적극적이다. 스타일쉐어에 어울리지 않는 콘텐츠가 올라오면 '이건 우리 규칙에 어긋나니 하지 말아달라'고 사용자들이 의견을 낸다. 기존의 관점에서라면 스타일쉐어 직원이 해야 할 일이지만 그런 경계가 없다. 아니, 거꾸로 회사를 질책하기도 한다. '이런 문제가 있는데 왜 공지를 하지 않느냐'는 것이다.

그러니 기억하자. 우리 브랜드가 전하고자 하는 철학과 메시지를 명확히 하되, 이를 받아들이고 확산하는 주체는 고객이 되어야 한다. 그 방식 또한 브랜드가 리드하기보다 고객에게 주도권을 넘기면서 말이다.

8. 빨라야 한다, 제대로 빨라야 한다

디지털 시대가 도래한 이후 기존의 상식으로 이해되지 않는 현상이 많아졌다. 급격한 변화에 적응하는 데 많은 시간이 걸려 불협화음이 일어나기도 하고, 기존의 문법이 통하지 않게 돼 전통적 강자들이 어려움을 겪기도 한다. 특히 많은 사람들이 의아해하는 것 중 하나는 대기업이 스타트업의 공세에 당황하는 모습이 드물지 않게 보인다는 것이다.

어느 시대에나 혁신적인 아이디어와 사업모델로 무장한 기업이 등장해 시장에 큰 파장을 일으키는 경우는 있었다. 하지만 상대적으로 많은 자원을 가진 대기업이나 전통적 플레이어가 이들의 혁신을 단기간에 이해하고, 더 좋은 서비스와 제품으로 보완해 최후의 승자가 되는 모습을 더 많이 보곤 했다.

하지만 디지털 시대의 스타트업과 대기업의 관계는 과거와 다르다. 스타트업은 혁신적인 제품이나 서비스로 새로운 시장을 만들어가는 반면, 대기업을 비롯한 기존 플레이어들은 흐름을 좀처럼 따라잡지 못하고 있다. 쿠팡이나 토스, 마켓컬리 등 우리나라를 대표하는 스타트업들이 새로운 비즈니스 모델을 만들어 유의미한 사이즈로 성장하는 모습을 보며 대기업들도 여기저기서 경쟁에 뛰어들었지만 그들의 성과는 생각보다 미미하다. 유사한 제품이나 서비스를 출시한 지 몇 년이 지났음에도 그들의 존재감을 찾기는 쉽지 않다.

더욱이 이미 알려진 것처럼 토스는 치과의사 출신이, 마켓컬리는 컨설턴트 출신이 만든 서비스다. 왜 오랜 역사와 전통, 노하우와 리소스를 갖춘 대기업들이 관련 업계에 대한 경험이 거의 없는 스타트업 창업가들에게 뒤처지는 것일까?

다양한 이유가 있지만 가장 근본적인 문제는 디지털이 가져온 변화에 얼마나 적응하고 있는가에 달려 있다. 그중에서도 변화의 '속도'에 대한 적응이 핵심이다. 빠르게 실행해서 빠르게 실패하고 빠르게 개선한다는 스타트업의 정신이 디지털 시대에 필요한 마인드다.

그렇다면 디지털 시대에 '빠름'은 무엇을 의미할까? '빠르다' 가 단순히 속도만을 뜻하지 않는 것은 분명하다. 실력과 역량 이 뛰어나 빠르게 움직이는 것은 물론, 고객 반응에 대응하는 민감도와 실패에 대한 회복탄력성이 뛰어나다는 것을 의미한 다. 이 속도가 성공가능성을 높인다.

디지털 시대의 특성에 맞게 새롭게 등장한 버티컬(vertical) 브랜드들에서 이러한 변화를 찾아볼 수 있다. 버티컬 브랜드란 특정 분야만을 타깃으로 제품이나 서비스를 론칭하는 브랜드 를 일컫는데, 안경 분야의 '와비파커'나 매트리스를 만드는 '캐 스퍼', 면도기를 만드는 '해리스' 등이 대표적이다. 우리나라에 서도 온라인 기반 브랜드 가운데 버티컬 브랜드의 특징을 가진 예를 어렵지 않게 찾아볼 수 있다.

일반적으로 버티컬 브랜드는 자체 유통채널을 통해 제품이 나 서비스를 판매한다. 물론 외부의 커머스 사이트나 대형 유 통채널에 공급하는 경우도 있지만 대부분은 자사몰을 활용하 거나 소수의 편집숍을 통해 판매한다. 고객에게 빠르게, 직접 적으로 제품의 특성을 알리고 경험시키기 위한 선택이다. 매트 리스를 판매하는 '삼분의일'이나 닭가슴살 브랜드 '아임닭' 등 은 온라인 채널에 집중하고 있으며 온라인에 올라오는 고객 반 응을 빠르게 반영해 보완한다.

면도기 및 면도 관련 브랜드 '해리스' (출처 : 해리스 페이스북)

스타트업은 고객이 궁금해하거나 기대하는 것을 앞서 파악해 자신만의 강점으로 활용하는 데에도 열심이다. 미국의 패션 이커머스 브랜드인 '에버레인'과 국내 아웃도어 브랜드인 '칸투칸'은 브랜드에 관한 거의 모든 숫자를 공개한다. 기본적인 매출이나 판매량, 고객 반응은 물론이고 제품 원가나 마진 등 기업에서 일반적으로 공개하지 않는 자료도 과감하게 밝히고 있다. 디지털 시대 그 어떤 것보다 중요한 가치로 꼽히는 투명성을 마지못해 따르는 것을 넘어 오히려 브랜드의 핵심요소로 활용하는 것이다.

커뮤니케이션 방식 역시 빠르고 직관적이다. 일례로 유튜브나 인스타그램 등 SNS에서 고객과 대면하는 크리에이터들은 제품에 대한 기본적인 정보 외에 제품에 얽힌 에피소드 등을 소개함으로써 한결 인간미 있는 소통을 한다. 그럼으로써 별도의 유통채널을 거치지 않고 빠르게 판매를 유도한다. 오프라인에서는 브랜드 매장이나 팝업스토어를 통해 고객과 만나기도 한다. 온라인 구매 및 배송마저 길다고 느끼는 디지털 시대의 고객들이 오프라인에서 구매할 수 있도록 하는 것이다.

페이스북이 디지털 세대의 외면을 받는 와중에도 페이스북 메신저가 사랑받는 이유는 다름 아닌 빠른 소통을 돕기 때문이다. 상대방의 접속 여부를 곧바로 알 수 있어 빠르게 연락을 주고받기 편하다는 이유 하나로 디지털 시대에 성공적으로 안착할 수 있었다.

빨라야 한다. 빠르게 변화하고 빠르게 적응해야 한다. 디지털 시대에 빠르다는 이야기는 단순히 민첩하게 움직여야 한다는 것뿐 아니라 불필요한 것을 제거하고 꼭 필요한 것을 먼저 제공한다는 뜻이기도 하다. 스타트업계에서 많이 사용하는 '린(lean)' 개념을 이제는 브랜딩에도 적용 가능하다.

그러려면 브랜드에서 제품을 정의하고 고객을 바라보는 관점뿐 아니라, 내부 조직문화나 의사결정 프로세스에서도 부차적인 요소를 제거하고 본질에만 집중하는 훈련이 필요하다. 동시에 본질에 집중하기 위해, 즉 다른 데 신경 쓰지 않고 한 우물만 파기 위해서는 빠른 속도가 필요하다. 핵심을 파고드는 집중력과 속도를 함께 높이는 것이야말로 규모와 업력에 상관없이 승자가 되는 가장 빠르고 강력한 전략이다.

[인터뷰]디지털 시대의 소통법
———————————— 스타일쉐어 윤자영 대표

디지털 시대를 대표하는 국내 브랜드로 스타일쉐어를 빼놓을 수 없다. 소셜미디어와 쇼핑이 융합된 독특한 사업모델로 출발해 10대들의 대표적 패션 플랫폼으로 자리잡은 후 이제는 20대로 영역을 확장하고 있다. 사용자들이 자발적으로 자신의 패션 정보와 지식을 올리고 공유하는 방식은 디지털 시대의 전형적인 소통 스타일이다. CEO 윤자영 대표는 2011년, 대학 4학년 때 이 독특한 플랫폼을 구상해 8년째 운영하고 있다. 자회사로 29CM이 있다.

스타일쉐어를 창업하게 된 계기가 독특하죠.

예전에는 TV나 매거진, 화보에서 프로 모델이나 브랜드 관계자들이 패션을 제시하면 소비자들이 전달받는 방식이었는데, 그것만으로는 좀 아쉽다고 생각했어요. 특히 젊은 고객들은 경제여건도 그렇고 필요로 하는 아이템도 그렇고, 기성매체에 나오는 프로들의 콘텐츠는 덜 적합한 거죠. 당장 내일 학교 갈 때 입을 옷, 이번주에 수학여행 가서 입을 옷, 이런 것들이 필요하잖아요. 그래서 일반인들이 주인공이 돼서 자신의 콘텐츠를 직접 공유하고 그걸 구매로 한 번에 연결할 수 있는 서비스가 필요하다고 생각했어요.

여기에는 기성 미디어와 비교해 새로웠던 포인트가 2개 있습니다. 하나는 콘텐츠 자체를 사용자가 만들어낸다는 것이고 다른 하나는 그걸 즉시 구매할 수 있다는 것, 이 두 가지 모두 새롭게 시도되는 것들이었죠. 그중에서도 더 어려웠던 것은 전자였습니다. 사용자가 자기 콘텐츠, 패션 뷰티를 공유한다는 것 자체가 그들을 많이 설득해야 하는 부분이고, 또 그렇게 포지셔닝되는 게 좋겠다고 생각해서 서비스명을 스타일쉐어라고 직관적으로 짓게 됐고요.

스타일쉐어라는 서비스를 기능적으로 설명하면 넓게는 콘텐츠 기반의 쇼핑이라고 말합니다. 대개는 그냥 쇼핑만 있는데 저희는 콘텐츠 기반의 쇼핑이라는 거죠. 이걸 소비자들이 이해할 수 있는 용어로 설명하면 한국의 Z세대 고객들, 한국의 Z세대 여성분들이 패션과 뷰티를 공유하고 구매할 수 있는 플랫폼이라고 할 수 있겠죠.

창업 이후 8년이 지났으니 미디어 환경은 물론 사용자들이 콘텐츠 올리는 양 같은 것도 많이 달라졌을 것 같습니다. 지금이야 인스타그램이 있으니 자연스럽게 스타일 공유가 되지만 8년 전에는 소비자들이 자발적으로 콘텐츠를 만들어 올리게 하기가 쉽지 않았을 텐데요. 기존과 다른 커뮤니티가 되기 위해 특별히 노력한 바가 있나요?

네. 지금도 그렇게 많이 알지는 못하죠. 10대들과 20대 초반에게는 조금 알려져 있지만, 고객층을 더 확대하려고 하는 중이어서 아직은 조금밖에 모른다고 인식하고 있어요. 초반에는 낯선 형태의 서비스라 고객들에게 알리기가 더 어려웠고요. 저희는 콘텐츠를 올린다고 리워드를 주거나 하지도 않아요. 사용자들이 콘텐츠를 올리는 동기는 인스타그램 등 SNS에 올리는 것과 99% 같다고 보시면 될 것 같아요. 재미있어서죠.

콘텐츠를 많이 올리게 하기 위해 독려했던 방법은 단계마다 조금씩 달라졌습니다. 처음에는 저희가 동원할 수 있는 자원이 아예 없으니 발로 뛸 수 있는 모든 일을 다 했어요. 우리 서비스에 누가 관심을 가져줄 것이냐, 즉 가장 우리 고객다운 고객이 누구냐를 먼저 생각했습니다. 막 서비스가 론칭된 시점이니 패션에 관심이 많은 얼리어답터일 수밖에 없었어요. 그래서 초기에는 일반대중은 아예 생각도 안 했고, 패션을 아주 좋아하는 얼리어답터들이 모여 있는 온·오프라인의 모든 영역에 들어가서 어울리려고 노력했어요. 온라인만 해도 패션 커뮤니티나 카페, 트위터, 페이스북마다 같은 주제를 다루는 방식이 다 달라요. 그런 곳에 들어가서 마치 유저인 것처럼 '내가 여기 올려봤는데 재미있더라'부터 시작해서 '네 콘텐츠가 너무 괜찮은데 네 것도 거기서 보고 싶어' 같은 온라인 활동도 해봤죠.

론칭 첫날이 기억납니다. 말 그대로 데이원(day1)이니 사용자가 제로인 상태에서 시작하는 거잖아요. 플랫폼 서비스라는 건 항상 닭과 달걀 같아서 콘텐츠가 없으면 사람들이 안 들어오고, 사람이 없으면 콘텐츠가 안 생겨요. 사용자와 콘텐츠를 저글링하면서 가야 하거든요. 첫날에는 아무것도 없으니 콘텐츠도 모을 겸 고객에게도 알릴 겸 길에서 맨투맨으로 홍보를 했어요. 가로수길이든 명동이든 제가 갈 수 있는 모든 곳, 패션 좋아하는 사람들이 나타날 것 같은 길거리, 멀게는 뉴욕에서 소호 길거리까지 갈 일이 있으면 무조건 카메라 들고 나가서 하루 8시간 서 있는 거예요. 패션을 좋아하던 층 사이에는

대한민국 디지털 세대에게 가장 사랑받는 패션 및 뷰티 플랫폼 '스타일쉐어' (출처 : 스타일쉐어 제공)

멋지게 입고 지나가면 명함을 주면서 '우리 잡지에 실어도 되나요?', '우리 블로그에 올려도 될까요?' 하며 사진을 찍어주고 찍히는 문화가 원래 있거든요. 이걸 활용해서 저희도 '스타일쉐어라는 곳인데 멋져서 한 컷 찍겠다'고 했는데, 여기에 단계 하나가 추가되는 거죠. '당신 사진이 여기에 올라올 건데 괜찮나요? 당신 이름으로 올라갈 테니 한번 들어가서 확인해볼래요?' 그러겠다고 하면 그 자리에서 이메일로 사진 링크를 보내주고, 누르는 순간 접속되는 거예요.

디지털 시대와 노는 법

이런 식으로는 오프라인에서 만날 수 있는 사람이 하루에 20명도 안 돼요. 하지만 그렇게라도 만나서 시작해야겠다고 생각했던 거죠. 실제로 이렇게 연결된 분들 중에는 장기적으로 아주 중요한 유저가 많습니다. 길거리 패션이 돋보이는 분들은 저희 사업의 중요한 이해관계자일 가능성이 높거든요. 패션 관계자이거나 브랜드 마케터이거나. 그들도 저희 서비스에 흥미를 보이고, 그러다 친구가 되기도 합니다. 주변 친구들에게 입소문을 내주기도 하고 나중에 자기 브랜드와 협업을 제안하기도 하고요. 비효율적인 활동이었지만 큰 성과가 있었던 거죠. 발로 뛴 만큼 양질의 콘텐츠를 얻을 수 있는 방식이기도 했고요. 게다가 서비스 초기에는 10명, 20명만 더 들어와도 임팩트가 있잖아요. 그게 큰 힘이 되었습니다.

그런 다음 1년쯤 되어 사용자가 몇 만 명이 모였을 때에는 커뮤니티 행사를 했습니다. 몇 만 명이라고 하지만 전체 소비자에 비하면 여전히 소수이고 얼리어답터들이죠. 자연히 서비스 관여도도 높았어요. 저희도 서비스 모니터링을 하면서 댓글이나 사진에 대해 계속 반응을 보이며 교감했고요. 그런데 서비스 모니터링을 하다 보니 옷을 좋아하고 많이 사는 유저들이 으레 그렇듯이 '플리마켓 하고 싶다'는 얘기가 오가는 게 보이더라고요. 그래서 저희가 댓글에 들어가서 '그러면 우리 같이 열어볼까' 묻고, 유저들과 함께 마켓페스트를 개최했습니다.

데이터로만 접하던 유저들이 오프라인 한 자리에 모인 광경은 저희 스태프나 방문자들에게 굉장히 인상적이었던 것 같아요. '스타일쉐어가 이렇게 큰 데였어?'라는 인상을 남길 수 있었고, 그러면서 또다시 관계가 강화돼 협업하는 브랜드가 들어오기도 했고 콜라보 기회도 생겼습니다. 행사 규모도 해마다 2배씩 커졌고요.

이처럼 유저를 계속 늘리고, 그들이 올린 콘텐츠로 바이럴을 일으키는 활동에 집중했습니다. 돈을 집행해서 유저를 끌어 모으는 마케팅은 시작한 지 얼마 안 됐어요. 저희가 쇼핑을 도입한 게 3년 전인 2016년부터인데, 이때 마케팅 예산을 100만 원부터 쓰기 시작했어요. 그 이전 5년 동안은 마케팅 예산 없이 200만 회원을 모았던 거죠.

세대가 아니라 관심사에 집중할 것

요즘 대기업이나 연혁이 오래된 기업들 사이에 젊은 세대를 이해하려는 니즈가 큽니다. 스타일쉐어의 유저들은 요즘 기업들이 가장 궁금해하는 타깃 고객들이라고 생각되는데요. 그렇다면 스타일쉐어는 자신의 타깃 고객들, 유저들의 특징이나 소비패턴을 어떻게 정의하세요?

아무래도 스타일쉐어에 그 세대들이 많이 활동하다 보니 이 질문을 많이 받는데, 저희는 '이 세대는 이런 것 같아'라고 단정하는 것을 굉장히 두려워합니다. 외부에 소개할 때는 저희 현황을 말해야 하니 어쩔 수 없이 할 뿐, 저희 내부에서는 고객을 세대로 구분하는 얘기 자체를 별로 안 합니다. 그 대신 굉장히 미시적인 것들에 대해 얘기하죠. 예를 들어 '스타일쉐어 비디오'라는 포맷이 도입되는데, 이게 어때야 하는지 논의할 때에도 Z세대여서 어떨 거라고 말하기보다는 그냥 패션 뷰티를 즐기고 다른 채널에 볼거리가 많은 고객을 붙잡으려면 무엇이 충족되어야 하는가를 고민해요.

세대 대신 고객에게 어떤 니즈가 있을 테고 어떤 방식으로 그들에게 소구할지를 고민하신다는 거죠?

네. 우리 서비스를 쓰는 고객의 나이대가 10~20대일 확률이 가장 높다는 정도만 인식하는 거죠. 그들에게 필요한 건 뭐고 더 재미있으려면 무엇이 보완되어야 하는가, 혹은 내가 그 유저라면 어떤 감성을 느낄 수 있을까 등에 대한 토론은 합니다. 즉 저희는 세대를 이야기하는 것과 그 연령대를 얘기하는 것이

혼재돼 있는데, 요즘 사람들은 세대에 중점을 많이 두는 것 같아요. 그런데 그게 세대만의 이슈인가 싶다는 거죠. 이를테면 외부에서 저희 지불방식 같은 것들을 흥미로워해요. 저희가 편의점 결제를 도입했다든지, 신용카드가 아닌 ATM 입금에 최적화했다든지 하는 것들이죠. 그런데 이게 과연 Z세대의 특징이라고 말할 수 있나? 이건 그냥 10~20대이기 때문에 발생한 것 아닌가? 그런 생각을 하게 되는 거죠.

20년 전이든 지금이든 스스로 돈을 벌지 않기 때문에 부모님을 통해 돈을 받아 써야 한다는 거죠.

네. 30년 전이나 지금이나 마찬가지인데, 물론 뭘 쓰느냐는 시대에 따라 다를 수 있죠. 지금은 토스나 카카오페이가 있으니까 쓸 테지만 5년 전만 해도 그런 서비스가 없었으니 현금으로 이체하는 결제방식을 도입한 거고요.

맞아요. 결국 그 연령대에 가장 편리한 방법을 현실에 맞게끔 찾아주는 거죠.

네, 그렇죠. 그래서 세대에 대한 특성이라는 건 저도 잘 모르겠어요. 다만 질문을 바꿔서 저희가 우리 유저들에게 어떤 얘기를 듣고 어떻게 그들에게 최적화하려 노력하는지 말씀드릴 수는 있습니다. 일단 저희 서비스는 유저들의 피드백을 굉장히 적극적으로 받을 수 있다는 이점이 있어요. 서비스를 쓰면서 느끼는 불편한 점, 이런 기능이 있으면 좋겠다는 제안이 리뷰든 이메일이든 전화로든 엄청나게 들어와요. 덕분에 힌트를 많이 취합할 수 있죠. 그래서 어떤 서비스 개선이 이루어졌는데 별로라면 그때도 아주 날카로운 피드백이 쏟아져요. 브랜드 하나를 입점시키더라도 전통적인 이커머스는 MD의 감으로 선정해서 밀어넣지만 저희는 그런 방식이 전혀 통하지 않아요. 철저히 고객 중심이죠. 이 브랜드는 왜 없냐고 저희에게 대놓고 말하기도 하고, 데이터도 있고요. 고객들이 검색을 하고 댓글로 서로 추천하는 행위가 일어나고 있으니 상품이나 브랜드 하나를 선정하더라도 고객이 원하는 것을 파악할 수 있어요.

의견을 수렴하는 루트 가운데 스타일쉐어만의 특이한 채널도 있나요? 아니면 이메일이나 전화 등 일반적인 채널을 다양하게 활용하시는지요?

으레 다 쓰는 채널들이에요. 이메일이나 카카오톡 같은 직접적인 CS 루트도 있겠고, 구매과정에서 발생하는 불편사항을 접수하는 건 필수요건이니 그런 루트도 있고요. 물론 이런 건 대개 배송이 안 된다거나 하는 문의여서 분석하기보다는 즉시 해결해주는 게 우선이죠.

다만 특이한 점은 CS라고 하면 대개 고객센터에 전화하는 걸 연상하잖아요? 그런데 저희는 전화보다 카톡이 우선이에요. 문의가 들어오는 비중을 보면 채팅이 중심이고 전화로 들어오는 의견은 부가적이에요. 저희 고객들은 전화가 불편한 것 같아요. 이건 세대의 특성이라고 할 수도 있겠네요.

모든 고객 의견에 응답하나요?

네, 저희는 아주 특수한 경우가 아닌 한 모두 대답하는 것을 원칙으로 하고 있어요. 어떤 서비스 브랜드에 마음을 정착하려면 그 브랜드가 내게 아주 친밀하게 다가와야 하잖아요. 그런데 브랜드가 묵묵부답이라면 결국 좋은 관계를 형성하기 어렵겠죠.

그리고 의외의 바이럴 효과도 있습니다. 저희는 채널에 따라 다양한 무게로 대답하는데, SNS로 물어보면 가볍게 대답할 수도 있고, 장문의 문의가 오면 장문으로 대답하기도 하죠. 그게 다시 대화로 이어지기도 하고, '스쉐가 이렇게 대답하더라' 하고 SNS에 올리기도 하더군요.

콘텐츠 공유는 곧 Z세대의 퍼스널 브랜딩 활동

요즘 세대들의 빠르게 변하는 생각이나 선호, 스타일 같은 것들을 따라가기 위해 내부에서 어떤 노력을 하세요?

정말 어려운 과제이고, 점점 어려워지는 걸 느낍니다. 저도 나이가 드니까요. 예전에는 직관적으로 했다면 요즘은 티나게 노력하기 시작한 것 같아요. 첫 번째는 데이터를 보는 겁니다. 저희 플랫폼에서 유저들이 쏟아내는 수많은 데이터가 있죠. 정제된 데이터도 있겠지만 하다못해 어떤 페이지에서 어떤 버튼을 누르는지, 어떤 콘텐츠를 많이 보는지, 해시태그나 검색 키워드 등 유저들이 뭘 보고 뭘 올리고 있는지 실시간으로 들여다보려고 노력하죠.

그 밖에 최근에는 유저 리서치 같은 것들도 시작했어요. 유저들을 직접 만나서 서비스나 우리가 하는 것들에 대해 조언을 구하는 거죠. 예전에도 상품기획 등의 목적으로 유저들을 인터뷰하기는 했지만, 최근 들어 빈도 자체가 엄청나게 늘었어요. 저도 가급적 참여하고, 여의치 않으면 실시간으로 듣고 추가 질문도 합니다.

그럴 때 '요즘 세대는 정말 다르네' 하고 느낀 것이 있었나요?

약간 특수한 얘기일 것 같기는 한데, '인플루언서'에 대한 관점이 조금 달라진 것 같아요. 몇 년 전만 하더라도 SNS 활동을 통해 유명인이 되겠다는 생각을 많이 하지는 않았던 것 같아요. 그런데 요즘에는 체육학과 다니는 친구들은 장래희망이 '체육하는 유튜버', 법학과는 '법을 아는 유튜버' 하는 식으로 꿈이 다 유튜버로 끝난다고 하잖아요. 저는 이것이 우리 사회를 보여주는 단면이라고 생각해요. 이제는 온라인에서 즐기는 소셜미디어 활동, 즉 콘텐츠 공유 행위가 훗날 나의 꿈으로 이어진다는 생각을 전제로 깔고 가는 것 같아요. 당장 내년이든 아니면 5년 후, 10년 후를 보든 장기적으로 자기 비즈니스로 이어가리라는 것을 당연하게 생각하고 계획하는 것 같아요. 예전에는 인스타그램을 잘해서 내 브랜드를 내야겠다, 유튜브를 열심히 해서 광고수익을 올리겠다는 식의 상업화 의도를 밝히기가 조심스러웠잖아요. 그런 모습이 최근에는 많이 없어졌어요.

저희 유저들을 만나보면 이런 것들을 아주 적극적으로 생각한다는 게 느껴져요. 그 브랜드와 협업하면 자신에게 어떤 도움이 되는지, 내가 브랜드로 성장하는 데 어떻게 기여하는지에 대한 답을 듣고 싶어 하죠. 예전에는 그냥 '고마워요, 영광이에요' 하는 정도였다면 지금은 보상에 대한 구체적인 기준과 기대가 있는 거죠. 그들이 사업화하는 걸 저희가 잘 돕는다면 플랫폼으로 스타일쉐어가 잘될 확률도 높겠죠. 그래서 이 점이 특히 흥미로웠습니다.

창업하셨을 때는 대표님과 직원들의 연령대가 비슷해서 그들을 이해하는 데 큰 어려움이 없으셨을 텐데 이제는 나이 차가 생기기 시작했잖아요. 요즘 20대가 세상을 바라보는 눈도 다르고 직업을 바라보는 눈도 달라졌고요. 그런 관점에서 채용하실 때 어떤 점을 기준으로 판단하시나요?

저는 투명성을 중요하게 생각하는 사람입니다. 정직함이랄까요. 도덕적인 것에만 해당하는 얘기는 아니고, 지적인 정직함도 상당히 중요하다고 생각해요. 내가 어디까지 안다, 이것은 모른다, 그런 건 처음 들어본다, 이 모든 것이 지적인 정직함이고 이렇게 말할 수 있는 사람은 소수인 것 같아요. 그게 왜 중요하냐면 이게 있는 분들은 학습할 준비가 되어 있고, 새로운 정보가 들어오면 어설프게 아는 걸로 안다고 생각하거나 아는 척하지 않거든요. 그래서 빨리 배울 수 있고 피드백에도 열려 있어서 협업이 수월한 것 같아요.

고객에게 결재받으라

스타일쉐어는 고객들의 의견을 적극 반영한다고 하셨는데, 한편으로는 '스쉐다움'이라는 것도 있잖아요. 고객이 원하는 것과 브랜드 정체성을 지키는 것 사이의 균형을 어떻게 맞추시는지요?

예전에 인상 깊게 들었던 말이 있어요. 네이버 이해진 회장님이 '인터넷 비즈니스는 브랜드 싸움이 아닌 퀄리티 싸움'이라고 했어요. 만약 저희가 제품 브랜드여서 앞선 트렌드를 보여주는 게 가장 중요한 곳이었다면 말씀하신 '우리다움'의 무게가 훨씬 컸겠죠. 하지만 저희는 결국 서비스이기 때문에 사용자가 필요로 하는 기능, 사용자가 편리하게 생각하는 것이 중요합니다. 그들이 불편하다고 혹은 필요 없다고 하는데도 고수하는 태도는 안 된다고 생각해요.

기능적 면에서는 100% 사용자 데이터에 따라야 하는 게 맞습니다. 저희 사용자가 콘텐츠를 공유하고 보는 것부터 구매까지 이어지는 여정이 길잖아요. 저희는 이것을 어떻게 압축해줄 것인지 고민하는 조직이에요. 그렇기 때문에 사용자의 편의성과 그들이 필요로 하는 기능을 잘 만들어주는 것, 그게 핵심이에요. 물론 요즘 유튜브를 많이 한다고 해서 저희도 무조건 동영상 업로드 기능을 넣어야 하는 건 아닙니다. 다행히 저희는 서비스 자체가 독특한 면이 있어요. UGC 기반 쇼핑이라는 게 이제 막 시작된 사업모델이거든요. 인스타그램이나 페이스북에 구매 기능을 도입한다고 하지만 그들도 초창기여서 이 모델을 두루 적용한 사례는 아직 없어요. 저희는 7~8년 전부터 이 고민을 했고요. 남보다 먼저 고민을 시작한 만큼 저희가 제시하는 사용성이나 서비스가 조금 앞서서 실험하고 보완해가고 있는 셈이죠.

반면 콘텐츠의 내용 측면에서는 말씀하신 논리가 맞죠. 고객 니즈와 브랜드 정체성 사이의 균형이 중요해요. 그런데 저희는 이 부분에도 사용자에게 주도권을 많이 주는 편입니다. 이제는 우리가 누군가를 섭외하고 어떤 브랜드를 선택한다고 해서 유저에게 그대로 먹히리라고 확신할 수 없어요. 유저들이 좋아하는 트렌드나 콘텐츠, 인플루언서가 너무 다양하게 흩어져 있어요. 제 눈에 들어오는 인플루언서는 이미 연예인 수준이고요. 제게 물어보면 엄청 유명한 사람밖에 모르니까요. 반면 진짜 그 세대 유저들이 좋아하는 사람은 제가 미처 모르는 인플루언서일 가능성이 있죠. 그래서 우리 눈에는 되게 마이크로하다고 보이는 인플루언서들, 일반적으로 업계에서는 눈여겨보지 않을 법한 인플루언서들을 저희는 많이 보려고 합니다. 다른 곳에서는 소규모 협업밖에 못 해봤거나 협찬료도 조금밖에 못 받는 유저이지만 저희는 상품 기획을 제안하고 메인모델로 활용하면서 발굴해요. 일종의 엑셀러레이팅 같은 구조에 관심을 더 많이 둡니다.

콘텐츠 관점에서 흔히 텍스트의 시대에서 음성의 시대로, 이제는 영상으로 전환됐다고 말하는데, 현장에서 보시기에는 어떤가요? 실제로 텍스트나 음성은 다 죽었는지, 아니면 이런 선언이 과장되었다 여기시는지 궁금합니다.

지금 패러다임 전환이 일어나는 건 맞다고 봅니다. 그런데 그 이유가 그저 고객의 행위만 바뀌어서인지는 의문입니다. 기술적 뒷받침이 있기 때문 아닐까요? 무제한 데이터 요금제에 5G까지 등장해 영상 보는 행위가 개인에게 전혀 부담을 주지 않게 된 게 불과 1년 사이의 일이잖아요. 영상 하나 보면 수십만 원씩 휴대폰 요금을 내야 했던 과거 세대가 그렇게 썼을까요? 이런 환경이 갖춰졌기 때문에 영상으로의 전환이 가속화된 거라고 봅니다.

그러면 왜 영상인가, 어찌 보면 당연한 말인데, 같은 시간에 얻을 수 있는 정보량과 퀄리티가 월등하니까요. 옷에 대해서도 사진에 비해 영상은 정보의 깊이가 다르잖아요. 한 바퀴 돌아주고 뒷모습도 보여줄 수도 있고요. 그래서 당연히 좋아하는 것 아닐까요. 원하는 정보를 짧은 시간 안에 얻고 싶은 것은 인간의 본능이니까요. 물론 아무리 영상이라도 재미없게 만들면 안 보겠죠. 창의적인 내용이 사용자들에게 얼마나 부합하는지에 따라 반응은 천차만별일 겁니다. 저희도 영상 서비스를 준비하는 중이에요. 생방송 포맷과 N초 이내의 숏폼 서비스를 준비하고 있습니다.

스타일쉐어는 변화하는 세상에서 사람들의 니즈에 적극 부응하는 유형이군요. 어떻게 보면 인플루언서를 육성하는 엔터테인먼트 인큐베이팅 회사의 느낌도 납니다. 그것을 통해 쇼핑으로 연결하기도 하고, 콘텐츠가 만들어지기도 하고요.

맞아요. 그래서 저희끼리도 반드시 콘텐츠 기반의 커머스가 되겠다는 생각보다는 젊은 세대가 '옷'이라는 카테고리를 소비하면서 풍부한 콘텐츠를 보게 하고 많은 정보를 공유하게 하자고 말합니다. 옷은 젊은 세대에게 언제나 메인 주제이고, 저희는 기술이 허용하는 한 그들이 원하는 방식으로 제품을 살 수 있도록 돕는 거죠. 포맷이나 방식은 계속 바뀌는 거라고 생각해요.

대표님은 주로 어떤 콘텐츠를 보세요? SNS는 어떤 용도로 활용하시나요?

주로 인스타그램을 보는데, 개인 용도로는 안 쓰고 거의 모니터링 채널로 활용해요. 스쉐 유저들이 좋아하는 핫한 크리에이터나 개인들의 채널을 주로 보죠. 그들의 마음을 사로잡은 회사들의 채널도 보고 있고요. 인스타그램 IGTV도 많이 봅니다. 유튜브와 콘텐츠 자체는 크게 다르지 않지만 시청하는 맥락이 달라서 사용자에게 새로운 서비스로 다가가는 것 같아요. 유튜브는 우연히 보게 되는 경우가 많지만 IGTV는 내 취향에 따라 내가 직접 팔로우한 관계 안에서 보이는 것이니까요.

개인적으로는 유튜브랑 넷플릭스 많이 보고요. 유튜브는 덕후들이 재생산하는 콘텐츠 있잖아요. 마블이나 〈어벤저스〉 같은 작품 하나를 가지고 엄청난 분석과 예측을 하는 영상을 감탄하면서 봐요. 넷플릭스에서는 다큐를 많이 봐요. 최근에 본 〈원 스트레인지 락〉은 교과서 같은 다큐를 엄청나게 감각적으로 만들어냈더라고요.

마지막 질문입니다. 요즘 기업과 개인 모두 빠르게 변하는 디지털 시대에 어떻게 적응할지가 고민인데요. 스타일쉐어는 워낙 디지털 기반의 서비스이고 10대 팬들도 많으니, 빠르게 변하는 시대에 적응하는 노하우가 있을 것 같습니다.

　아, 어렵다(웃음). 결국에는 최종소비자, 그 타깃에게 결재 받아야 될 것 같아요. 우리끼리는 나름대로 열심히 공부해서 '이렇게 하면 되겠지' 하는 것을 만들었지만 진짜 유저들을 불러놓고 피드백을 들어보면 거의 팩트폭격이잖아요. '됐어요', '필요 없는데요?' 열에 아홉은 이런 반응이거든요. 유저에게 통과되지 않으면 안 되잖아요. 유저 입장에서 괜찮은 것들을 만들어야 하는데, 이걸 회사 내에서 하기는 쉽지 않을 것 같아요. 데이터를 보면서 힌트를 얻으려고 노력하는데 그것도 만만치 않죠. 더욱이 우리 유저들이 일상에서 쓰는 서비스는 대부분 세계 최고의 회사들이 만들어낸 글로벌 서비스잖아요. 그들에게 데이터 양에서부터 밀리고, 내용 면에서도 쉽지 않아요. 우리는 그들보다 나은 무언가를 제공해야 하니, 따지고 보면 굉장히 어려운 문제입니다.

[인터뷰]디지털 시대의 프리미엄이란

———————————————— 휠라코리아

1990년대 국내 진출한 휠라는 젊은 이미지의 프리미엄 스포츠 브랜드로 큰 인기를 거두었다. 그러나 고객이 중장년층으로 바뀌며 브랜드 이미지가 올드해졌고, 엎친 데 덮친 격으로 아웃도어 시장이 커지면서 중장년 고객들도 이탈해 쇠락의 길을 걸었다.

그러나 2016년 턴어라운드에 성공하며 휠라는 제2의 전성기를 맞고 있다. 휠라를 다시 일어서게 만든 주요 원인은 무엇이었을까? 역전의 원동력은 디지털 세대, 그중에서도 프리미엄 브랜드와 가장 동떨어져 보이는 10대 소비자들의 마음을 사로잡은 것이었다. 휠라는 10~20대 디지털 세대가 인지하는 '프리미엄'을 재정의함으로써 이들이 중시하는 가성비까지 끌어안는 데 성공했다. (이하 인터뷰는 공저자 이승윤이 〈동아비즈니스리뷰(DBR)〉에 게재한 분석기사를 인터뷰 형식으로 풀어낸 것이다. 이승윤·김현진, "[DBR Case Study] 어? 이 신발은 우리 취향을 잘 알아, 10대와 소통한 휠라의 '화려한 부활'", DBR 234호, 2017.10.)

간단하게 브랜드 소개 부탁합니다.

휠라는 1911년 이탈리아에서 시작된 스포츠 브랜드입니다. 휠라코리아는 1991년에 설립됐고요. 휠라를 소개하려면 윤윤수 회장 이야기를 빼놓을 수 없을 것 같네요. 한때 '월급쟁이의 신화'라는 수식어로도 유명했는데, 2007년에 휠라 본사를 인수한 것으로 더 유명해졌죠. 한국지사가 글로벌 본사를 인수한 첫 사례였으니까요. 휠라는 스포츠 의류와 신발을 모두 취급하지만, 한국에서는 운동화 사업이 특히 잘됐습니다. 윤 회장이 운동화 수출을 많이 해본 터라 워낙 노하우도 많고, 이쪽에 강점이 확실했던 거죠. 휠라코리아를 세우기 전에는 휠라 브랜드의 미국 판매권을 갖고 있었는데, 그때 운동화를 하도 많이 팔아서 글로벌 전체 매출에서 원래 주력 상품군인 스포츠 의류보다 매출이 더 많이 나왔다고 합니다. 이때 본사의 눈도장을 확실히 받아서 휠라코리아를 설립했다고 해요.

한국에서 휠라는 이탈리아 프리미엄 브랜드로 인식되며 큰 인기를 누렸지만, 바로 그 이유 때문에 1997년 IMF 외환위기의 직격탄을 맞기도 했습니다. 다행히 국내에서 생산된 제품이라고 사람들을 설득해 위기를 넘기고 나이키, 아디다스에 이어 국내 스포츠의류 시장에서 '빅3' 자리를 지켜왔죠. 그러다 소비 트렌드가 바뀌면서 사정이 어려워졌습니다. 아웃도어 열풍이 불자 저희도 아웃도어 사업에 뛰어들었는데 여의치 않았습니다. 브랜드 이미지도 중장년이 입는 느낌으로 올드해졌고요.

국내 모든 패션 브랜드들이 침체된 가운데 '요즘 장사가 되는 곳은 휠라밖에 없다'는 이야기가 들릴 정도입니다. 지속적인 매출 급감이 일어나는 시점에 가장 중요하게 생각한 핵심 턴어라운드 전략은 무엇인지요?

휠라의 브랜드 리뉴얼 작업은 2016년에 시작되었습니다. 앞서 말씀드렸듯이 휠라는 고가의 브랜드이고 다소 오래됐다는 느낌도 문제라 이 점을 고쳐보려고 했습니다. 사실 고가 정책은 우리나라에서만 어려워진 게 아니라 미국에서 먼저 타격을 받았습니다. 2008년 금융위기를 계기로 미국 사람들도 우리나라 못지않게 가성비를 따지기 시작했거든요. 그래서 프리미엄 전략 대신 가성비 전략을 모색했습니다. 휠라코리아의 윤근창 부사장이 당시 미국법인에 근무하면서 혁신을 진두지휘했고, 그때 방식을 한국의 턴어라운드에 그대로 적용한 겁니다.

턴어라운드 전략은 한마디로 구매부문(buy side)의 가격혁신을 도모한 소싱전략이라 할 수 있습니다. 으레 가성비 전략이라 하면 판매 쪽(sell side)에서 가격을 낮추는 것만 생각하기 쉬운데, 그러면 당장 마진이 타격을 입잖아요. 또 정상가에서 할인을 남발하면 장기적으로 우리 브랜드 가치가 손상될 위험도 있고요. 그래서 저희는 원가관리로 소비자 가격은 낮추되 마진도 최대한 보호하는 방식을 택한 거죠. 즉 구매부문에서 가격혁신을 이루어서 판매부문의 가격혁신을 이끌어내기로 한 겁니다.

말로 하면 쉽지만 실제로 하기는 결코 만만치 않은 작업이었습니다. 대개 운동화는 해당 MD가 신제품을 기획하면 공장에서 샘플을 제작하고, 출시가 확정되면 양산이 이뤄지는 체제인데요. 문제는 샘플을 제작하는 공장이 외주업체라는 겁니다. 외주 공장에서 생산하면 샘플 제작에 투자하는 비용을 아끼는 효과는 있는데, 실제 생산이 될 때는 묘한 갑을관계가 형성된다는 단점이 있어요. 샘플을 제조한 공장에 관행적으로 대량생산을 의뢰하다 보니 브랜드 주인인 저희가 아니라 OEM 공장이 이른바 '갑'이 되어버리는 거죠. 당연히 단가협상도 불리해집니다. 여기에 불황이 겹치면 소비자는 점점 싼 제품만 원하는데 공장은 단가를 낮춰주지 않으니 양쪽에서 다 압력을 받게됩니다. 세계 금융위기 때 미국시장이 딱 그 상황이었고요.

그래서 저희는 샘플을 우리가 직접 만들기로 결정했습니다. 중국과 홍콩에 공장을 설립해 신발 제품을 100% 자체 개발하기로 한 거죠. 그런 다음 그 샘플을 들고 공장들을 돌아다니며 거꾸로 납품가를 제시하게 하는 입찰 방식을 택했습니다. 그렇게 해서 생산가격을 최대한 낮출 수 있었습니다. 공장으로서도 대량주문이 발생하는 것이니 규모의 경제 효과가 있는 데다 저희도 공장의 적정 이윤을 보장하는 가격을 제시하기 때문에 서로 윈윈인 거죠. 무엇보다도 구매의 가격경쟁력을 소비자가에 그대로 반영해 판매가를 낮출 수 있으니 소비자도 이익이고요.

미국에서 이 방식이 안착되고 흑자 전환되기까지 약 3년이 걸렸습니다. 그런데 이 방식을 그대로 적용한 한국에서는 6개월 만에 효과가 나타나기 시작했어요. 말씀드렸듯이 휠라코리아의 브랜드 리뉴얼 작업은 2016년에 시작됐는데, 국내에서도 2008년의 미국과 같은 가치소비 트렌드가 전파되고 있었습니다. 미국에서 이미 검증된 방식이고, 중국 공장도 잘 돌아가고 있었으니 한국에 적용하는 데 망설임이 없었죠. 저희가 이런 식으로 생산하는 제품이 많으면 한 모델에 연간 3000만 켤레나 됩니다. 경쟁자들이 따라 하고 싶어도 이 정도 물량에서 나오는 가격협상력이 없어서 단기간에 모방하긴 쉽지 않을 겁니다.

디지털 세대의 프리미엄을 재정의하다

마케팅에서 일반적으로 말하는 4P(제품, 가격, 유통, 프로모션) 중 가격을 많이 낮추신 거네요. 그런데 프리미엄 브랜드가 가성비를 추구한다는 건 모순처럼 보이기도 합니다. 더욱이 원가효율성이 높아지면 판매가격을 손대지 않고 마진율을 높이고 싶어 할 것 같은데요. 그런데도 낮춘 이유가 궁금하고, 그럼에도 프리미엄 이미지를 유지할 수 있었던 비결은 더 궁금합니다.

그럴 수도 있을 겁니다. 사실 저희 내부에서도 고민이 많았어요. 프리미엄 브랜드가 젊은 층을 공략하는 접근 가능한(accessible) 가격대의 상품을 내놓는다는 게 리스크가 큰 전략인 건 맞습니다. 프리미엄 이미지가 훼손될 가능성이 높으니까요. 하지만 결론적으로 저희는 브랜드 턴어라운드를 추진하는 목적이 밀레니얼 세대를 주축으로 한 10~20대 젊은 고객을 다시 확보하는 것임을 분명히 했습니다. 생산이나 유통구조에서 생긴 거품을 빼고 '적정 가격'을 찾아 소비자의 눈높이에 맞게 판매가를 재정립하는 것이 장기적으로는 브랜드의 턴어라운드에 도움이 되리라고 본 거죠. 실제로 가격혁신 덕분에 저희 브랜드 운동화는 평균 6만~7만 원대로 안착되었습니다. 다른 브랜드는 10만 원 넘게 줘야 하잖아요. 여기에 디자인이나 품질은 오히려 높아지니까 기존 고객들도 만족했고요.

그리고 저희가 리브랜딩하는 목적이 젊은 고객을 되찾는 데 있다고 했잖아요. 저희는 이들 디지털 세대가 생각하는 프리미엄, 더 나아가 럭셔리의 정의는 다를 것이라 생각했습니다. 가격이 비싸서 있어 보이는 것만이 브랜드 가치에 도움이 될까요? 가격이 지나치게 높아 접근성이 낮고, 그래서 길거리에서 흔히 볼 수 없는 브랜드보다는 또래 소비자들 사이에 많이 노출되고 회자되는 것이 10~20대 사이에는 프리미엄 이미지로 받아들여질 수 있지 않을까요? 10대에게는 또래 문화라는 중요한 코드가 있으니까요. 20대와 달리 10대들은 하루에 몇 시간은 학교라는 공간에서 공동생활을 하기 때문에 오랜 시간을 함께 보내는 주변 사람들이 많이 사용하거나 좋아하는 제품에도 민감할 수밖에 없을 것 같습니다. 즉 희소성보다는 가시성(visibility)이 중요하다는 겁니다. 어디서든 눈에 띄어 친숙도를 높이는 것이 젊은 소비자들 사이에서 브랜드 선호도로 이어질 거라 본 거죠.

이런 논의를 거쳐 조심스럽게 내린 결정이었는데, 다행히 젊은 소비자들도 가격을 내린다고 해서 브랜드 가치가 떨어진다고 생각하지는 않았습니다. 저희가 2019년 8월에 자체 실시한 설문조사에도 이런 내용이 있는데요, 스포츠 브랜드에서 휠라의 브랜드 호감도가 6개월 사이에 11위에서 7위로 상승했습니다. 1차 가격을 비싸게 책정한 뒤 여러 차례 세일을 하는 기존 판매관행을 버리고 처음부터 '합리적인 가격을 매겼으니 세일은 하지 않는다'고 설득한 전략도 주효했다고 봅니다. 합리성을 중시하는 젊은 소비자에게 잘 통한 거죠.

말씀하신 대로 휠라의 변화에서 빼놓을 수 없는 현상이 10대의 반응이죠. 프리미엄 브랜드에 10대가 먼저 열광하는 게 흔한 현상이 아니라는 점에서 더욱 주목받는 것 같습니다. 젊은 층을 되찾겠다는 목적이 있었다면, 10대에 특화된 전략은 어떻게 세우셨는지 궁금합니다.

일단은 가격이죠. 가격 문턱이 낮아지자 10~20대 소비자들이 매장을 찾기 시작했습니다. 이들이야말로 가성비를 가장 중시하는 세대잖아요. 이들이 보기에 2만 9000원 대인 헤리티지 빅로고 티셔츠나 3만 9000원 대의 클래식킥스 운동화는 브랜드 제품이면서도 가격대가 합리적이어서 충분히 소비할 욕구가 생기죠. 더욱이 요즘은 복고가 유행이잖습니까. 휠라는 100년 된 브랜드이니 저희 로고에 레트로 이미지가 있어요. 이런 흐름에 부합한 것도 인기 요인이라고 생각합니다.

SNS와 입소문에 강한 이 세대가 휠라 제품을 착장하고 찍은 사진을 올리기 시작하면서 매장도, 제품도, 이들의 사진들도 모두 유용한 홍보수단이 되었습니다. 예컨대 어느 뷰티 커뮤니티에는 1993년 이전 출생자들이 주로 모이는 게시판이 있는데, 여기에 '휠라 헤리티지 진심 존예 비욘세도 입은 듯', '휠라 디스럽터 살까요 말까요' 같은 글들이 종종 보입니다. 자기들끼리 휠라 제품을 놓고 대화를 하고 의견을 주고받는 거죠.

실제로 비욘세가 휠라 브랜드를 입었나요?

네(웃음). 비욘세만이 아니라 리한나도 입었어요. 저희가 협찬한 게 아니라 자신의 일상패션으로 휠라 티셔츠나 운동화를 구입해 입고 인스타그램에 등장하면서 관련 뉴스가 엄청나게 만들어졌죠. 산다라 박 등 국내 스타들이 휠라의 패션 아이템을 이용해 스타일링한 사진을 SNS에 올리기도 했고요. 이런 사진들이 퍼지면서 트렌드에 민감한 젊은 고객들이 휠라를 '쿨한' 브랜드로 인지하기 시작한 것 같습니다.

10대에 특화된 전략으로는, 초기에 진행한 통 큰 이벤트가 브랜드 충성도를 높이는 데 도움이 되었습니다. 10대 소비자들은 SNS 등 즉각적인 소통수단을 통해 상대방과 직접 교류하는 걸 선호하는 특성이 있죠. 자신의 말에 귀 기울여주고 감동을 불러일으키는 자극에도 민감하고요. 휠라의 변신에 가장 먼저 반응한 10대들을 위해 저희도 직접 소통을 기반으로 한 프로모션을 준비했습니다.

'코트디럭스 우리반 [찍었]스 콘테스트'라는 온라인 캠페인을 예로 들어보겠습니다. 저희 제품 중 코트디럭스는 70만 켤레가 판매된 베스트셀러인데요, 특히 중고등학생들 사이에 '국민신발'이 되기도 했습니다. 이 제품이 인기를 끌었을 때 전국의 중고등학생을 대상으로 한 이벤트예요. 선생님과 함께한 재미있는 사진과 동영상을 올려주면 10학급을 선정해 학생 전원에게 신제품 신발을 주겠다고 약속했습니다. 그런데 이 이벤트가 너무 터진 거예요. 무려 660개 학급이 신청했거든요. 1만 8000여 명의 학생들이 일주일 동안 영상을 준비한 거죠. 그러면서 저희 브랜드에 대해 더 많이 알게 되고 관심 갖게 되고, 스스로 저희 브랜드와 연결됐다고 생각했을 겁니다. 그런데 10학급만 뽑는다? 그건 잠재적 팬들을 실망시키는 결과를 낳을 수 있다고 생각했어요. 그래서 고심 끝에 응모한 전체 학급, 모든

휠라는 유명 브랜드와의 콜라보레이션에도 적극적이다. 이미지는 휠라×츄파춥스 콜라보 컬렉션 (출처 : 휠라코리아 홈페이지)

학생들에게 운동화를 증정하기로 전격 결정했습니다. 반응은 당연히 폭발적이었죠. 홈페이지가 '고객으로서 큰 감동을 받았다'는 학생들의 메시지로 도배되다시피 했고요. 10대 잠재고객들과의 관계가 더 끈끈해진 거죠.

그때 저희가 증정한 신발은 코트디럭스가 아니라 발매 예정인 캔버스화였어요. 반스나 컨버스 등 쟁쟁한 경쟁자가 버티고 있는 시장에 들어가야 하는데, 타깃 고객들이 먼저 감동하는 바람에 초반부터 엄청난 입소문을 동반하고 진입할 수 있었습니다. 그 덕에 출시 두 달 만에 7만 켤레 이상 판매되며 베스트셀러가 되었죠.

디지털 시대와 노는 법

말 그대로 통 큰 이벤트였네요. 그뿐 아니라 휠라는 콜라보레이션도 활발히 하시죠. 브랜드들과의 콜라보는 물론 유명 유튜브 크리에이터들과도 협업한 것으로 알려져 있는데, 공동브랜딩(co-branding) 전략을 어떠한 형태로 진행해 오셨나요?

세계적 디자이너부터 인기 식품 브랜드에 이르기까지 다양한 영역에서 진행했습니다. 이 또한 젊은 층의 취향을 저격하는 데 큰 도움이 됐고요. 또한 충성도 높은 유명 브랜드와 콜라보레이션을 하니 가격을 낮추고도 브랜드 가치가 낮아 보이지 않는 효과도 있습니다.

러시아 디자이너 고샤 루브친스키와의 협업은 해외 셀럽들이 휠라를 다시 보게 된 계기가 됐습니다. 재미있는 건 디자이너 측이 먼저 요청해 성사된 콜라보라는 점입니다. 트렌드세터들에게 각광받는 디자이너인데, 저희와 콜라보한 제품을 자신의 2017년 S/S 컬렉션에 선보여 더 화제가 되었죠. 그 밖에 펩시콜라, 마운틴듀 등 해외 식음료 브랜드와 협업해 의류를 선보이기도 하고, 일본의 스트리트 편집숍 브랜드인 '해브 어 굿 타임'과 2019년 6월 한일 양국에서 의류 및 액세서리를 동시 출시해 좋은 반응을 얻기도 했습니다.

메로나와의 협업도 있습니다. 코트디럭스 '딸기우유'가 파스텔 핑크색이어서 여학생들에게 특히 인기 있었는데, 여기에 힌트를 얻어 빙그레 메로나에 콜라보를 제안했습니다. 메로나의 시그너처 컬러가 파스텔 민트색이어서 핑크톤의 인기를 이어갈 수 있다고 생각했죠. '코트디럭스 메로나' 버전은 2019년 5월에 초도 물량 6000켤레가 모두 판매돼 추가생산에 들어갈 정도로 큰 인기를 모았고요.

유통 측면에서도 10대 맞춤형 전략이 눈에 띄는데요. 백화점을 벗어나 10대가 즐겨 찾는 곳에 휠라 제품을 노출했죠. 어떤 전략으로 움직인 건가요?

유통의 혁신은 젊은 세대에 맞춘다는 이유도 있지만, 한편으로는 가격정책 때문이기도 합니다. 기존의 휠라는 백화점이 주요 유통채널이었는데, 한국과 미국은 백화점 운영방식이 달라요. 미국의 백화점은 유통업체가 브랜드로부터 제품을 사들여 자신의 매장에서 판매합니다. 재고 리스크도 직접 지고요. 반면 우리나라 백화점은 판매공간을 임대하는 형태여서 입점업체가 재고관리도 해야 합니다. 여기에 임대료까지 들어가면 제품 가격이 올라갈 수밖에 없어요. 저희 제품은 한국에서도 미국에서도 똑같이 판매하는데 한국에서는 비싸게 파는 거죠. 그렇게 해도 안 팔리고 남은 제품은 할인해서 아웃렛 등을 전전하면서 팔고요. 최근 해외 직구를 하는 소비자가 많아진 건 이처럼 특수한 유통구조도 한몫했다고 봅니다. 가성비를 추구한다는 저희 전략에 배치되는 거죠. 구매부문뿐 아니라 판매부문에서도 혁신이 필요했습니다.

고민 끝에 도입한 것이 미국식의 도매(wholesale) 모델입니다. 나이키나 아디다스 같은 글로벌 스포츠 브랜드들은 90%, 심지어 100% 소매업체에 제품을 납품하는 도매 형태로 사업을 운영합니다. 휠라 미국법인도 그렇고요. 도매 모델은 유통업체가 주문하는 양만큼만 생산하면 되기 때문에 제조업체의 재고 리스크가 없습니다. 저희도 재고 리스크를 없애야 가격을 안정화할 수 있다고 생각해서 미국식 모델을 도입하기로 한 겁니다.

그래서 슈마커, ABC마트, 레스모아 같은 신발 전문매장에 도매 형태로 제품을 납품하기 시작했습니다. 다행히 젊은 소비자들 중심으로 백화점이나 마트보다 신발 편집숍을 선호하는 분위기가 확산되었고요. 과거에는 도매 비중이 제로였는데, 이제는 30%까지 높인 상태입니다. 재고 부담을 낮춘 덕에 소비자 가격도 내릴 수 있었죠. 예를 들어 베스트셀러인 '디스럽터' 운동화는 미국 판매가가 60달러이고 한국의 소매가는 6만 9000원으로 거의 동일한 수준입니다. 과거 국내 판매가가 미국 대비 약 30%가량 비쌌던 데 비하면 대단한 변화인 셈이죠.

가성비를 추구하면서 헤리티지를 지키려면

1911년에 설립된 휠라는 스포츠 브랜드로서는 이례적으로 오랜 역사를 지니고 있습니다. 역사나 헤리티지는 매우 소중한 브랜드 자산이지만, 한편으로 10대에게는 자칫 고루하고 재미없는 이미지로 여겨질 위험도 있는 것 같은데요. 디지털 세대를 염두에 둔 브랜드 헤리티지 관리전략이 따로 있는지요?

휠라는 말씀하신 대로 100년이 넘는 오랜 역사를 자랑하는 브랜드죠. '휠라' 하면 자동적으로 테니스가 연상되는데요, 1970년대 중반에 테니스 스타였던 비외른 보그에게 옷과 신발을 협찬한 것은 최초의 스포츠 마케팅 사례이기도 합니다. 저희는 디자인과 테마의 중심에 이러한 브랜드 헤리티지를 담아 프리미엄 마케팅의 미덕을 이어가고자 합니다. 테니스를 기반으로 한 유구한 역사는 젊은 층에게도 충분히 소구할 수 있는 스토리텔링 요소니까요. 국내에서만 70만 켤레가 판매된 코트 디럭스도 테니스화를 모티브로 헤리티지 정서를 반영한 것이고요. 앞으로도 저희만의 헤리티지를 더욱 강화하려 노력하고 있습니다.

최근에는 광주의 메가스토어를 브랜드 역사와 스토리를 담은 '헤리티지 뮤지엄'으로 재탄생시켰고, 2010년에는 이탈리아 비엘라에 브랜드 탄생 100주년 기념 박물관을 열었습니다. 요즘 유구한 전통을 가진 럭셔리 브랜드들이 새로운 디자인을 고안하는 등 변신을 꾀하고 있는데, 저희는 역사 속 DNA를 버리지 않고 활용함으로써 일관된 브랜드 정체성을 유지하겠다는 전략입니다. 마침 레트로 열풍도 불지 않았습니까? 덕분에 헤리티지를 갖춘 브랜드란 사실을 알리고, 과거의 유산을 현대적으로 재해석하는 데 탄력을 받을 수 있었습니다. 실제로 이러한 기조 하에 탄생한 '휠라 헤리티지' 라인은 휠라가 진출한 세계 곳곳에서 뜨거운 반응을 얻고 있습니다. 일례로 코트디럭스에 이어 선보인 '디스럽터2'는 1997년 출시된 '디스럽터'의 후속 버전이에요. 국내에 공식적으로는 처음 선보인 제품인데, 복고적 감성을 재해석한 것이 소비자들로부터 좋은 평가를 받았습니다.

마지막 질문입니다. 지금까지 휠라가 재기에 성공한 요인을 다양한 측면에서 들어봤는데요. 혁신적인 생산 및 유통방식으로 품질을 유지하면서 가격 거품을 빼 가성비를 높인 전략도 주효했고, 헤리티지 관리 전략도 인상적이었어요. 그럼에도 휠라가 최근 돌풍의 중심에 선 데에는 10대가 있었다는 사실이 역시 가장 기억에 남습니다. 디지털 시대에 10대를 공략하기 위해서는 그들만의 코드를 잘 읽어내야 하는데요. 휠라가 10대에게 잇(it) 아이템이 될 수 있었던 원동력은 무엇이라 생각하시나요?

말씀하신 대로 휠라의 돌풍이 10대에서 시작된 것은 분명한 사실입니다. 그 근간은 생산 및 유통방식에서 혁신을 만들어내면서 다진 것이고요. 가성비 좋은 제품을 만들고, 동시에 젊은 세대와의 커뮤니케이션을 효과적으로 진행한 덕분에 10대에게 핫하고 친근한 브랜드가 될 수 있었다고 생각합니다. 사실 무엇보다도 가성비가 좋지 않았으면 애초에 이들의 시야에 잡히지도 않았을 것 같아요.

저희는 10대의 취향을 분석하고, 그들이 좋아하는 코드를 만들어내는 데 집중했습니다. 콜라보를 할 때에도 메로나나 펩시 등 10대에게 친근한 식음료 브랜드를 대상으로 했고, 풀어내는 방식도 10대처럼 의외성을 강조했고요. 메로나와 협업한 '맛있는 운동화' 콜라보는 SNS에서 크게 회자되었는데, '먹지 마세요, 내 발에 양보하세요' 같은 광고카피 하나도 10대가 좋아하는 '병맛' 코드에 부응하려고 고심한 결과입니다. 스스로 콘텐츠를 만드는 데 익숙한 10대의 성향에 맞춰 '코트디럭스 우리반 [찍었]스' 이벤트 등 쌍방향 소통을 꾀한 것도 주효했다고 보고요.

휠라의 성공이 하나의 단편적인 결정으로 만들어졌다고 생각하지는 않습니다. 제품 생산방식, 가격 측정, 유통방식, 그리고 커뮤니케이션 방식 등 수많은 요인이 영향을 발휘한 거죠. 말하자면 마케팅의 모든 측면에서 10대의 취향에 맞는 철저한 리브랜딩 전략을 펼쳤기에 턴어라운드에 성공했다고 할 수 있겠네요.

—

[에필로그—우승우]

사실 자신만만했다. 새로운 제품과 서비스의 등장이 빈번한 브랜드 업계에 '변화'는 그다지 특별한 소식이 아니었다. 새로운 컨셉이나 차별화된 제품에도 우리는 어렵지 않게 적응했고, 열심히 노력하면 시간이 걸리더라도 이해하고 따라잡았다. 하지만 디지털 시대와 함께 시작된 이번 변화는 다르다. 변화의 속도가 빠르고 깊이가 더해진 것을 넘어 뭔가 근본적인 차원에서 일어난다는 느낌이다. 새로운 변화를 따라가기도 버거울뿐더러 변화를 만들어내는 원인이나 배경을 이해하기도 쉽지 않다. 혁신, 나아가 '혁명'이라는 말을 사용해도 전혀 이상하지 않을 정도로 차원이 다른 변화가 시작된 것이다.

브랜드가 적응해야 하는 기업 환경만이 아니라 우리 일상의 모습 또한 빠르게 바뀌고 있다. 스마트폰 없는 일상을 상상하기 어려워졌고, '스타트업'이나 '공유경제', '구독모델', 'Z세대' 등 몇 년 전까지만 해도 일부 사람들만 사용했던 키워드들이 일상 깊숙이 들어왔다. 브랜드 업계 또한 예외가 아니다. 전문적인 노하우를 제공하는 브랜드 컨설팅 회사의 위상이 예전 같지 않고, 《브랜드 자산의 전략적 경영》, 《브랜드 리더십》 등 브랜드를 공부하는 이들의 필독서였던 데이비드 아커 교수의 책들이 더 이상 팔리지 않는다. 높은 인지도와 압도적인 시장점유율을 자랑하던 브랜드들이 사라지고 그 자리를 디지털 기반으로 성장한 브랜드가 대체하는 현상이 낯설지 않다. 좋은 브랜드의 필수요소였던 지속성과 일관성의 중요도가 떨어지고, 새로운 디지털 문법에 적응하느냐가 강조되기 시작했다. 브랜드 화두가 '지속가능성'에서 '적응가능성'으로 이동하고 있다.

브랜드의 오랜 화두였던 지속가능성 대신 적응가능성이 떠오르는 이유는 무엇일까. 당연히 디지털 시대가 새로운 세대와 함께 만들어내고 있는 혁신적인 변화 때문이다. 제품이나 서비스를 기획하고 생산하고 판매하는 방식은 물론 고객과 커뮤니케이션하는 채널이나 방법도 달라졌다. 많은 리소스를 가진 대

기업이 스타트업을 이기지 못하고, 업계 경험이 전혀 없는 1인 크리에이터가 예상을 뛰어넘는 성공사례를 만들어내는 것처럼 판이 완전히 바뀌었다.

그렇다면 어떻게 적응해야 할까.

일단 현상을 제대로 지켜보자. 뭐가 맞고 틀리고를 판단하지 말고 자연스럽게 받아들이자. 마음가짐 또한 중요하다. 낯설고 다른 환경에서는 내가 틀렸고 나만 이해하지 못하는 것일지 모른다는 가능성을 인정하고 어떤 상황에서도, 누구에게라도 배우겠다는 생각이 중요하다. 기존 플레이어들이 새로운 세대를 이해하기 어려운 것처럼 새로운 세대 역시 기존의 방식을 낯설어한다. 토스와 카카오뱅크가 일상이 된 세대에게 몇 만 원짜리 공과금 납부를 위해 시간 맞춰 은행에 가고, 줄을 서서, 서류를 써내야 한다는 것이 쉽게 이해될 일은 아니다.

어느 정도 준비가 되었다면 일상에서부터 행동해보자. 우리가 입고 먹고 즐기는 것들부터 디지털 시대, 새로운 세대에 적응하기 위해 노력해보자. 실제 경험하는 것이 중요하다. 디지털 시대일수록 아는 것과 경험하는 것은 천지차이다. 기성세대들도 스타벅스와 타다, 카카오페이는 익히 들어봤을 것이다. 하지만 사이렌 오더로 스타벅스 음료를 주문하고, 앱을 깔아 직접 타다를 부르고, 카카오페이로 친구에게 송금해본 사람은 사실 많지 않을 수 있다. 하지만 그러한 경험에 뛰어들 수 있다면 '요즘 서비스들 참 좋네'라며 앞서가는 브랜드의 차별성을 이해하는 것은 물론이고 개인의 삶 자체가 편해지고 업그레이드되는 것을 느낄 것이다. 즉 우리의 일상에 자연스럽게 디지털이 녹아들고, 자연스레 디지털에 적응하게 되는 것이다.

머지않아 디지털이란 말은 곧 사라질지 모른다. '디지털 마케팅, 디지털 전자기기, 디지털 콘텐츠'가 '마케팅, 전자기기, 콘텐츠'로 불리게 될 것이다. 디지털이 너무나 자연스럽고 당연해지는 오늘날, 디지털 시대에 대한 적응가능성을 높이는 활동은 비단 브랜드의 가치를 높이는 데 국한되지 않을 것이다. 디지털 시대 적응가능성을 높이는 모든 경험은 궁극적으로 일상에서 자신의 삶을 더욱 풍요롭게 만드는 것과 다르지 않다.

[에필로그—차상우]

　우리는 모두 디지털 시대에 살고 있다. 아니라고 해도 시대변화를 보지 않으려는 거부감일 뿐, 시대가 변한다는 사실을 부정할 수는 없다. 디지털 시대에는 새로운 것도 많고 변화도 너무 빠르다. 알아야 할 것도, 보고 경험해야 할 것도 많다. 그렇지 않으면 직장에서나 내가 하는 일에서 뒤처질 것만 같은 불안감이 엄습한다. 그래서 퇴근 후 바쁘게 무언가를 보고 배우고 경험하러 다닌다. 본업보다 퇴근 후 커뮤니티, 살롱, 컨퍼런스, 취미활동 등에 삶의 무게중심을 두는 이들이 많아지는 것도 이러한 맥락일 것이다. 뒤처지지 않고 오래 살아남으려면 최신 흐름을 놓치지 않고 따라가거나, 온갖 흐름에도 흔들리지 않도록 스스로를 브랜드로 만들어두어야 한다. 다양한 생존전략이 있겠지만 이 책에서는 그중에서도 모두를 관통하는 화두인 '적응'을 다루어보았다.

책을 많이 읽지 않는 시대임에도 '90년대생', 'Z세대', '트렌드' 관련 책들이 화제가 되고 팔리는 이유도 어떻게든 디지털 시대의 주요 소비층인 밀레니얼 및 Z세대와 무리 없이 소통하고 일하고, 나아가 그들을 이해하고 싶기 때문일 것이다. 이 책에 언급된 기업과 브랜드 또한 '전략' 그 자체보다는 소통이나 친근함에 집중했음을 알 수 있었다.

이 책을 쓰면서 '나는 어떤 브랜드가 되어야 할까? 디지털 시대에 어떻게 살아남을 수 있을까?'를 고민했다. '지금 나의 브랜드는 어떤가?'에 대해서도 함께.

가장 중요한 것은 내 스타일을 찾는 것이며, 그 생각에는 여전히 변함이 없다. 다만 지금까지는 어느 정도 의무감으로, 계획을 세워가며 해왔다면 이제는 내 삶에 더욱 자연스럽게 녹아들도록 해야겠다는 생각이 든다. 겉으로 보이는 모습과 진짜 내가 일치할 수 있도록. 디지털 시대의 소비자들은 더 이상 보이는 모습에 속지 않는다. 사람이든 기업이든 진정성과 투명성이 더욱 요구된다.

무작정 변화의 흐름에 따라가려고만 하지 말고, 스스로를 기준으로 나만의 적응성을 갖추는 노력을 하면 좋겠다. 이 책이 적응가능성을 높여주는 정답은 아닐 테지만, 방향성은 보여줄 수 있었기를 바란다.

—

[Thanks to]

우승우

　함께하는 것만으로도 즐거웠던 승윤, 상우와 두 번째 책을 함께 만든 북스톤. 우리의 부족함을 채워준 4개의 브랜드와 초·중·고·대 학생들 그리고 더.워터멜론. 한결같은 믿음으로 늘 같은 편이 되어주는 Kate와 가족들 그리고 디지털 시대와 잘 놀 수 있게 도와주는 우리 딸, 헤이하린 대표에게 고마운 마음을 전하며:)

이승윤

　지면을 빌려 모든 'BeRoute' 멤버들에게 고맙다는 인사를 전한다. 특히 이 책은 'BeRoute'의 멤버 김수진, 오진우, 이지연, 이들의 젊은 시각에서 나온 관점이 없었다면 마무리될 수 없었을 것이다. 인터뷰에 도움을 주신 이수진·기호진 님을 비롯해 빙그레 모든 마케팅 담당자들에게 감사한 마음을 전한다. 내가 원하는 꿈을 향해 나아갈 수 있도록 늘 응원해주는 가족에게 감사한 마음을 전한다. 평생 함께할 베프 이원이 그리고 늘 묵묵하게 아들을 지지해주시는 고마운 부모님 이준호, 이해숙 님께 이 책을 바친다.

마지막으로, 치열한 현장에서 문제를 매일매일 해결하는 바쁜 일정에도 '디지털 시대에 맞는 브랜딩 전략'을 찾아보자는 의미 있는 프로젝트에 힘을 모아준 우승우, 차상우 두 대표님에게 진심으로 감사드린다. 이 두 사람이 없었다면 이 프로젝트는 시작되지도, 마무리되지도 못했을 것이다. 돌아보니, 책으로 나온 결과물보다 이 두 분과 함께한 시간이 나에게는 큰 선물이었던 것 같다.

차상우

뜻을 함께한 승우 형, 승윤이 형, 은경 실장님 그리고 우리가 직접 경험해보지 못한 소중한 일상을 공유해준 봉은초등학교, 소하중학교, 위례고등학교, 건국대학교 학생들, 더.워터멜론 식구들 덕분에 소중한 마침표를 찍을 수 있었다. 늘 그렇지만 모든 게 덕분이다. 오늘을 살고 내일을 꿈꿀 수 있게 늘 원동력이 되는 평생 베프와 아들 주원이 그리고 사랑하는 가족에게도 온 마음을 담아 고마움을 전한다.

디지털 시대와 노는 법
: 지속가능한 브랜드에서 적응가능한 브랜드로

2019년 12월 15일 초판 1쇄 발행
2024년 10월 1일 초판 5쇄 발행
지은이 우승우·이승윤·차상우

펴낸이 김은경
펴낸곳 ㈜북스톤
주소 서울특별시 성동구 성수이로7길 30, 2층
대표전화 02-6463-7000
팩스 02-6499-1706
이메일 info@book-stone.co.kr
출판등록 2015년 1월 2일 제2018-000078호
ⓒ 우승우·이승윤·차상우 (저작권자와 맺은 특약에 따라 검인을 생략합니다)
ISBN 979-11-87289-78-4 (03320)

이 책의 국립중앙도서관 출판예정도서목록(CIP)은 서지정보유통지원시스템 홈페이지(http://seoji.nl.go.kr)와 국가자료공동목록시스템(http://www.nl.go.kr/kolisnet)에서 이용하실 수 있습니다. (CIP제어번호: CIP2019047118)

책값은 뒤표지에 있습니다. 잘못된 책은 구입처에서 바꿔드립니다.

북스톤은 세상에 오래 남는 책을 만들고자 합니다. 이에 동참을 원하는 독자 여러분의 아이디어와 원고를 기다리고 있습니다. 책으로 엮기를 원하는 기획이나 원고가 있으신 분은 연락처와 함께 이메일 info@book-stone.co.kr로 보내주세요.. 돌에 새기듯, 오래 남는 지혜를 전하는 데 힘쓰겠습니다.